家庭分野

\授業の/ KARU&KIMEわざ

授業づくりシリーズ　第3巻

3観点がわかる

楽しく学べる
授業へ

K 教育図書

授業の KARU & KIME わざ

もくじ

ベテラン先生の アドバイス

Question 1 アプローチ ホップ ステップ ジャンプ パーフェクト

3年間の授業のスタートは どうしたらいい?

check ☑ 3年間のスタートとなるガイダンスの進め方をチェックして みましょう。

check❶ ☐

授業のルールづくりを考えていますか?

> どんどん進めて いいのかな?

> まだ火をつけては だめ!

Answer **1**

check❷ ☐

家庭分野へのガイダンスはどうしていますか?

> 家庭分野の 授業って 楽しみ!

Answer **2**

check❸ ☐

調理室や被服室の整理や安全・衛生への配慮は行っていますか?

> プラグを持って 安全に抜くよ。

> 指の間も きちんと 洗おう。

プラグをもってぬきましょう

Answer **3**

4

Answer

1　授業のルールを確立しましょう！

Try 1　初めに「授業でのルール」を説明することにトライ！

○約束ごとを明確にしましょう。

①家庭分野の1時間目の授業で，教科の見方・考え方の視点や授業で大事なことを確認しておきましょう。

②実習では，安全・衛生第一の約束を必ず守るよう伝えましょう。

　生徒と温かい信頼関係を築いていくことが大切です。ルールを破ったり，約束を守れなかったりしたときのネガティブな指導や言葉かけより，守れたときのポジティブな指導や言葉かけを心がけて，家庭分野が大好きな生徒を育てましょう。

家庭分野の授業でのルールの例▶

さあ 家庭分野の学習をはじめましょう

「家庭分野」では，衣食住に関する観察・調査・実験・調理・製作などを行います。よりよい生活に向けて，生活を工夫し創造する教科です。《協力・協働》《健康・快適・安全》《生活文化の継承・創造》《持続可能な社会の構築》の視点を大事にします。

3年間でこんな学習をおこないます。	準備するもの
★ 家族・家庭生活 ★ 衣食住の生活 ★ 消費生活・環境 　小学校からの積み上げの教科です。	☆教科書 ☆ファイル ☆調理実習時：エプロン・三角巾・マスク ☆布を用いた製作時：裁縫道具

授業で大事なこと
○いつも4つの視点《協力・協働》《健康・快適・安全》《生活文化の継承・創造》《持続可能な社会の構築》で「より良い生活」を頭に描く。
○生活に生かす。
○家族・家庭・地域の中から問題を見つけ，解決策を構想して，人に分かるように表現する。
★授業準備をしっかりと！忘れ物をしない。【教科書・ファイル他】
　調理実習時→エプロン・三角巾・ふきん・台ふきん・マスク
　布を用いた製作時→裁縫道具
★記録に残す。(レポート・ワークシート等，丁寧に書く)
★作品は，必ず完成させ，提出期限は守る。
★失敗してもくじけず，何度でも挑戦する。
★大事なことはしっかりと覚える。
★先生・友達の話はしっかりと聞く。
★学び合う環境づくりをする。
★安全・衛生　第一！！

Answer

2　ガイダンスでは，小学生までの自分と，中学生になった自分との違いを見つめさせましょう！

Try 2　自分の成長をふり返らせ，中学校3年間での家庭生活と学習する内容に，期待と意欲をもたせるガイダンスにトライ！

　1年生の最初の授業で，家庭生活や小学校(家庭科)の学習をふり返らせます。そして，中学校3年間で成長していく見通しを持たせたり，自分の家庭生活をふり返らせることで，自分の成長が家族や家庭生活に支えられていることに気づかせたりしましょう。

　家庭生活に関連させながら，内容A～Cの授業内容を紹介すると，これからの学習との繋がりを深めることができます。

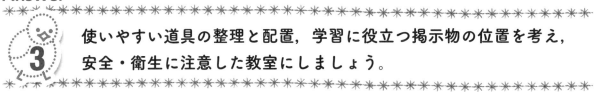

3 使いやすい道具の整理と配置，学習に役立つ掲示物の位置を考え，安全・衛生に注意した教室にしましょう。

Try 3 生徒が活動できる環境を整えることにトライ！

被服室 …道具の配置や安全についてチェックしよう。

①次の掲示物が貼られているかチェック！
- □安全に関する掲示物
- □整理整頓に関する掲示物
- □自分の作品を考えるときに役立つ作品例などの掲示物
- □つくり方や必要な技能がわかる掲示物

▲スナップつけの掲示物

▲目に入りやすい場所に貼る

②整理整頓をチェック！
- □道具がいつも整理整頓されていますか。

③洗剤や石けんをチェック！
- □湿気の少ない場所に保管されていますか。

④実物見本をチェック！
- □先輩の実物見本は，見やすい位置にありますか。

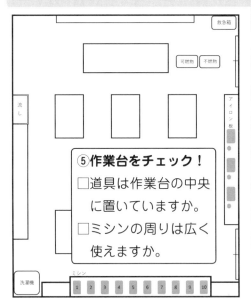

⑤作業台をチェック！
- □道具は作業台の中央に置いていますか。
- □ミシンの周りは広く使えますか。

⑥アイロンをチェック！
- □決められた位置にセットされていますか。
- □利き手に使いやすい配線ですか。
- □許容電流を守り，安全ですか。
- □安定した場所で使えますか。

⑦電気洗濯機をチェック！
- □アース線はつながれていますか。
- □電源は濡れない位置にありますか。
- □水回りや排水溝は，掃除されていますか。

⑧ミシンをチェック！
- □使用上の注意事項は，近くに掲示されていますか。
- □年に一度は，専門の業者が点検をしていますか。

▲ミシンに注意事項を貼った例

調理室 …道具の配置や安全についてチェックしよう。

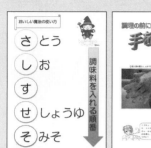

調味料を入れる順番
- さ とう
- し お
- す
- せ しょうゆ
- そ みそ

①掲示物をチェック！
- □安全のための注意が掲示されていますか。
- □学習意欲を高める掲示がされていますか。
- □つくり方や道具の使い方がわかりますか。

②電気機器の安全をチェック！
- □許容電流を守っていますか。
- □電気機器の点検はされていますか。
- □冷蔵庫は，実習の材料だけを入れ，食品を残さないようにしていますか。

③配電盤やガスの元栓の管理をチェック！
- □配電盤やガスの元栓に生徒が触れないように指示していますか。
- □危険の表示がされていますか。

④調味料の保管方法をチェック！
- □保管場所の湿度や温度に注意していますか。
- □保管場所の施錠はしていますか。

⑤道具の衛生面（日光消毒・煮沸消毒）をチェック！
- □ふきん　□まな板
- □三角コーナー
- □スポンジ
- □流しの中　□包丁

⑥ガス台をチェック！
- □使用後は，ガスの元栓の締まりを確認し，ガス抜きをしていますか。
- □ガステーブルは安定していますか。
- □ガスのホースは，ねじれや折れ，ひびがないですか。

⑦洗剤の保管方法をチェック！
- □洗剤の補充はされていますか。
- □使用後，元の場所に保管されていますか。

⑧上下水道をチェック！
- □流しのゴミは取り去り，配管のつまりはないですか。

⑨食器棚をチェック！
- □食器や道具に破損がありませんか。
- □衛生的に保管されていますか。
- □重い食器を下にしていますか。
- □食器は重ねすぎていませんか。

⑩清潔さをチェック！
- □常に清潔さを保っていますか。
- □害虫の駆除を時々行っていますか。

⑪安全への配慮をチェック！
- □ガス漏れ探知機は設置されていますか。
- □消火器は設置されていますか。
- □包丁は，鍵のかかる場所に保管されていますか。（番号を書き込み，施錠をして保管）

アプローチ　心の準備をしよう

生徒が騒がしい，話を聞かない，勝手に作業してしまう。どうしたらいい？

check ✓ 次に当てはまる授業をしていないか，チェックしましょう。

check ❶ □
話が長くなったり，大声や早口で説明したりしていませんか？

だって先生の話が長くて退屈だから。

Answer **1**

check ❷ □
教室がうるさく，叱ってばかりいませんか？

先生は怒ってばかり。つまらないな。

Answer **2**

check ❸ □
簡潔でわかりやすい指示を出していますか？

先生はいつも早口で何を言っているのかわからない。

Answer **3**

check ❹ □
生徒一人ひとりの顔を見て話しかけていますか？

先生は自分の方を全く見てくれないから…。

Answer **4**

Answer

1 大きな声で話すだけでは，生徒には伝わりません。落ち着いて，はっきりと説明しましょう。

Try 1　落ち着いて，はっきりと言葉を選んで説明することにトライ！

教師の言葉かけで最も大切なのは，声の抑揚（イントネーション）です。さらに，早口や長い説明では，生徒は何をしたらよいか十分に理解しないまま，迷いながら作業に入ってしまいます。「どうしたらいいの？」「わかんないよー。」「とりあえず，やればいいか…。」と勝手に動きます。

また，「～しなさい。」等，指示する内容の言葉が多いと，指示待ちの生徒が多くなります。

一言ひとことをはっきりと，ゆっくり落ち着いて，言葉を選んで説明しましょう。大きな声は，危険や注意を喚起するときだけにしましょう。

Answer

2 おしゃべりが多いため，叱ってばかりいませんか。生徒のよいところを見つけ，褒めるようにしましょう。

Try 2　励ましや褒め言葉を大事にし，生徒の意欲を引き出すことにトライ！

生徒の意欲を引き出すきっかけは，教師からの生徒一人ひとりへの励ましや称賛などによる言葉かけです。学習活動の中から発見したことや工夫していることを見つけ，行い（行為）を認め，褒めることを大事にしましょう。授業の中で必ず，褒め言葉をシャワーのように浴びせたいものです。

小さい子が喜びそうね。

誰でも褒めてもらいたい，評価してもらいたい，自分を認めてもらいたいと思っています。「一人ひとりを先生は見ているよ」とわかるように伝えましょう。

生徒同士のふざけ合いや危険な行為など，授業と関係ないことをしているときには，注意喚起も必要です。褒めること，叱ることのメリハリをつけましょう。

Answer

3 生徒への言葉かけは，一人ひとりをよく見て，
落ち着いた口調で言いましょう。

> **Try 3** 誰にでもわかるような指示のしかたにトライ！

一度に多くの内容を伝えるような話し方では，生
徒には伝わりません。落ち着いた口調で，誰にでも
わかる，簡単な言葉を選んで話すことが大切です。

机間指導は，生徒一人ひとりに横から話しかける
ように言葉かけをします。日頃から，ワークシート
や実習中の様子を把握し，生徒が達成できそうなこ
とを見通して，指示を出すことが効果的です。

○○さんは，どう考えますか？

 ベテラン先生の
アドバイス

実習では，大まかな取り組み方の流れを提示しよう！

製作にあたっては，大まかな実習の
流れをわかりやすく提示しましょう。

布を用いた製作の実習では，「示範
→作業・技能評価→片付け→ふり返
り」の流れを授業の始めに説明・提示
し，生徒が迷わず取り組めるようにし
ます。

調理実習は生徒の移動が伴うので，個々の活動の把握が難しくなります。
生徒の活動に任せて授業を進めるのは危険であるため，刃物類の返却，コン
ロの点火，試食といった作業の前に，いったん区切りをつけて，次の作業に
ついて説明・提示するなどの方法を考えましょう。例えば，刃物の返却時に
調味料や油類と交換できるようにすると，安全の管理もでき，全体の作業の
進み具合を把握することができます。

Answer

4 生徒一人ひとりの顔を見て話しかけ，輝く教室環境づくりを目指しましょう。

> **Try 4** 生徒の輝きを見つけ，生徒と一緒に家庭分野の学習の喜びを分かち合うことにトライ！

　生徒にとって，作業の進行状況やワークシートの記入内容を発表する活動は，緊張を伴います。生徒の成功・失敗や驚き，気づいたことは，次のステップにつながる大切な経験です。完成の喜びを生徒とともに，教師は分かち合うことができます。生徒一人ひとりに伝えるとき，悩みを受け止めるとき，生徒の変容を見取るときには，生徒の顔を見て話しましょう。

ベテラン先生の
アドバイス

> **落ち着いた授業に変えよう！**

　授業を変えるために，他の教師に普段の授業の記録を依頼したり，自分で録画や録音をしてみたりしました。そうすると，意外にも自分の説明が早口だったり，大声だったり，一方的だったり，ときには威圧するような言葉になったりしていたのです。また，発問しても，生徒の声をしっかり聞いていないこともわかりました。「次，何やるの？」の言葉が聞こえてきたら，生徒は学習の内容が把握できていない状況だと捉えましょう。

　生徒の学ぶ気持ちを育てる言葉かけを練習しましょう。説明は短く，学習課題の気づきを引き出し，次の展開場面での問いかけや掲示物・画像等を生かして，どうしたら解決できるかを考えさせましょう。グループで考えを検討する，意見を交換するなどの場面をつくっていくことも一案です。生徒の気づきから，言葉かけで課題が導けます。

　生徒の騒がしい声が，創造的な目的に沿った話し合いの活動内容に変わっていくでしょう。

　落ち着きを欠いた授業も，教師の創意工夫で，活発な授業へと変容します。

キット教材選びはどうしたらいい？

check ☑ 授業を進めるときの準備をチェックしてみましょう。

check❶ ▢
小学校で何をつくってきているか知っていますか？

小学校では何を
つくったの？

バッグをつく
りました。

Answer 1

check❷ ▢
キット教材の選び方は生徒の実態に即していますか？

どんなキットに
しようかしら？

カタログ

Answer 2

check❸ ▢
作品の完成までの時間を考えて教材を選んでいますか？

ミシンの
台数は？

生徒の
力量は？

Answer 3

check❹ ▢
生徒の生活に役立つものを選んでいますか？

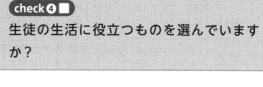

Answer 4

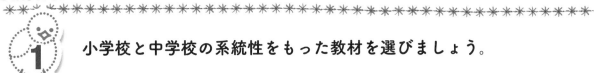

Answer

1 小学校と中学校の系統性をもった教材を選びましょう。

Try 1 小学校の家庭科と中学校の家庭分野で連携することにトライ！

　小学校で取り組んだ内容を把握し，題材や教材がつながっていることを知らせましょう。初回の授業で，5・6年生で何を調理したか，何を製作してきたか尋ねてみてもよいでしょう。
(p.35～37 小・中学校5年間の学習内容・技能系統表を参照)

学習内容の小中連携

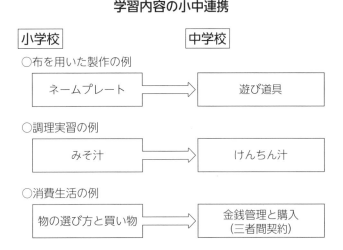

小学校 → 中学校

○布を用いた製作の例

ネームプレート → 遊び道具

○調理実習の例

みそ汁 → けんちん汁

○消費生活の例

物の選び方と買い物 → 金銭管理と購入（三者間契約）

Answer

2 技能の定着を図れるキット教材を選びましょう。

Try 2 キット教材の中身を確認することにトライ！

　どのような技能の習得・定着を見取ることができるか，キットの内容を確認しましょう。カタログの完成形からは見えない説明書（手順や縫い方）や布の厚さ，付属品（スナップの大きさなど）は，サンプルを取り寄せます。
　つぎに，キットの製作にあたり，ワークシートを用意します（キットによってはワークシート付きのものもあります）。単につくらせるだけではなく，製作物の目的に応じて，布の形や大きさ，でき上がり寸法を考えて取り組むように指導します。
　必ずサンプルを取り寄せて，実物を確認し，指導する前に教師自身で製作することが大切です。

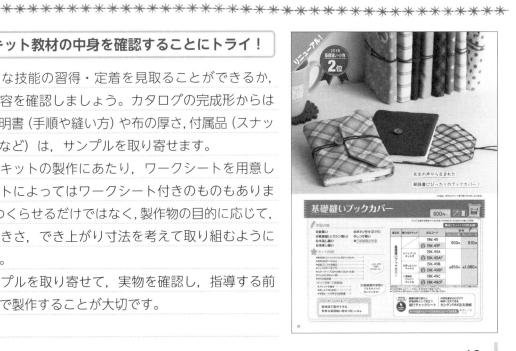

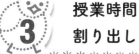

3 授業時間内に完成できるよう，指導にかかる時間を
割り出しておきましょう。

Try 3 完成までの指導にかかる時間を割り出し，教材を選ぶことにトライ！

　教材会社のカタログの表示は，平均的な完成までの時間です。指導学年，考える時間，生徒の技量，施設・設備などから実態に合う時間を割り出す必要があります。その際，材料の内容や付属品の数も大切な要素になります。付属品や必要となる用具が表示されていない教材会社のカタログもありますが，写真からも予測して，指導や準備にかかる時間を決めましょう（右資料と下資料参照）。必ずサンプルを取り寄せ，具体的な指導計画を立案しましょう。

780円〜　　4〜7時間

※ミシンが1人1台使える場合の時間

POINT!　3層構造で保冷温効果抜群！

フェルトケース　＋　巾着　＋　保温素材バッグ

 ここがうれしい！　自己評価ができる
基礎縫い学習シート付！

学習内容

①並縫い　　③まつり縫い　　⑥刺しゅうステッチ
②直線縫い　④ボタン付け　　⑦千鳥がけ
　（ミシン縫い）⑤スナップ付け

（資料協力　クロッサム）

セット内容

●厚地フェルト(30×30cm)…1　　　●布地(約15×50cm)…1
●刺しゅう糸(8色セット)…1　　　　●刺しゅう針…1
●スナップ…1　　　　　　　　　　●ウッドボタン…1
●ナイロンロープ(約40cm)…1　　●コードストッパー…1
●作り方説明書　　　　　　　　　●合皮テープ(35cm)…1
　(基礎縫い学習シート付)……1　●保温素材バッグ……1

自己評価しながら製作できるから，習熟度もUP！

500mlのペットボトルにぴったり！

リフォーム・リメイク例　衣類等の再利用が，資源や環境への配慮につながることも理解させましょう。

▲Tシャツからきんちゃく袋

▲ジーンズから布のボックス

Answer

4

製作するものは，まず，学校で使用するもので考えてみましょう。

Try 4　学校生活の中から，生活を豊かにするものに着目することにトライ！

例1　ブックカバー（文庫本サイズ）

　朝読書や読書の習慣がある学校は，ブックカバー製作がおすすめです。紙のカバーを使い捨てしないで済むため，消費生活・環境の視点でも指導ができます。

　キット教材を選ぶときには，どのような技能で製作するかを説明書で確認しましょう。ミシンの直線縫いは，小学校で学習した技能です。まつり縫いやスナップ付けなど中学校の補修の技術がうまく組み込まれているキット教材や，製作手順を生徒が問題解決的に変更できるもの等がいいでしょう。

例2　ファイルカバー

　家庭分野の授業でフラットファイルなどを使用している場合は，そのファイルカバーがおすすめです。3年間使用するファイルに愛着をもたせることができます。

例3　調理実習や給食のマスク

　調理実習用のマスクの製作もおすすめです。給食の時間も着用できます。使い捨てのマスクを使用せず，繰り返し使用することができ，消費生活・環境の視点からも指導ができます。

　布を用いた製作としては，まつり縫いを用いた製作にするなど，製作の意図を持って年間指導計画に組み込む必要があります。

その他

　小学校でも，生活を豊かにするものの製作をしています。小学校と重複する題材の場合も，学習指導要領に沿った内容で，よく吟味してキット教材を取り入れるようにしましょう。

悩みの相談室 地域に合った学習や体験学習のしかたを教えて！

学区に合った地域の学習を取り入れることにトライ！

　地域の情報収集をした上で，生徒にあった題材を計画するために，市役所や社会福祉協議会などで題材に適した話や資料を得るようにしましょう。

　高齢者に関する資料や情報は，社会福祉協議会やシルバー人材センターなどから得ることができます。高齢者には，地域を支えるボランティアを行う人がいたり，体調を崩し，介護を必要とする人がいたり様々です。高齢者の介護に必要な介助（立ち上がりや歩行など）を理解し，さらに高等学校の家庭科の学習につなげる計画も考えられます。

　また，地域を支える人をゲストティーチャーとして招き，地域の人との協働について学ぶ方法もあります。

ゲストティーチャーによる地域の特産物の授業

これがお茶をつくる茶葉です。

これからみんなで茶葉を加工しましょう。

　市役所では，幼児に関する資料や情報を得ることができます（幼稚園・保育所を担当する課は市区町村によって名称は様々です）。

　関連する部署で，勤務校のある地域の子育て情報を知ることができます。幼稚園や保育所以外に，幼児を支援する行政のサービスや地域のサポートなどを把握しておきましょう。

　また，学校の近くに保育所や幼稚園がある場合，学習の目的を説明して，協力をお願いすることが可能な地域もあります。

　「高齢者の活躍」や「高齢者・幼児への支援」，「地域との共同」などを学習した上で，生徒が『次の担い手になるのは私』と前向きな意識を持てる学習ができるようにしましょう。

▲埼玉県入間市が発行している子育て支援情報掲載のガイドブック。

体験学習を取り入れることにトライ！

映像や視聴覚教材，疑似体験などを取り入れてみましょう。疑似体験を通して，幼児や高齢者と関わるための基礎的な知識を身につけることができます。

○高齢者の運動機能を体験できる学習用品

成長期で身体能力が高くなる中学生は，幼児や高齢者の立場を理解しにくい場合があります。疑似体験を取り入れて，身体的特徴の視点を持たせるとよいでしょう。

疑似体験を通して，幼児や高齢者と関わるための基礎的な知識を身につけることが大切です。

▲高齢者疑似体験教材

▲幼児の実物大パネル

（教育図書　家庭科総合カタログより）

総合的な学習の時間「福祉」で，上記のような体験学習の機会がある学校もあります。

疑似体験セットは高価なものが多いので，必ず管理職と相談をしましょう。また，数百円で手に入る疑似体験ユニットの教材や，市区町村によっては社会福祉協議会から借用する方法もあります。

○幼児の視野の狭さを疑似体験できる学習用品

幼児の疑似体験は，ものさしで身長を提示し，中学生と目線の高さが違うことを体験したり，チャイルドビジョンを用意して視野の狭さを理解したりする方法があります。

主体的・対話的で深い学びにつなげるための グループ分けのしかたはどうしたらいい？

check☑️ グループの人数やグループ学習のしかたで困りそうなことを
チェックしましょう。

check❶◻️
被服室・調理室での学習がしやすい適切な人数にしていますか？

check❷◻️
生徒が主体的に学べるように，グループ学習の工夫をしていますか？

Answer

1. 授業内容に応じて，作業や相談がしやすい人数となるように工夫しましょう。

Try 1　活発な家庭分野のグループ学習にトライ！

　4人をめやすとしたグループづくりをしましょう。

　学級の人数が少ない場合には，実習台の数からグループ当たりの人数を決めるのでなく，学び合う環境づくりのために，実習台が余っても，ひとグループが4人程度になるようにしましょう。また，学び合う内容によっては，学級で決めた生活班を活用するのも，生徒同士のコミュニケーションがうまくはたらくので，有効な方法です。

Answer

2. 家庭分野で積極的なグループ学習を促しましょう。

Try 2　グループでの活発な学び合い学習にトライ！

　家庭分野のグループ学習では，次の①〜③のようにグループで学び合う環境をつくるとよいでしょう。

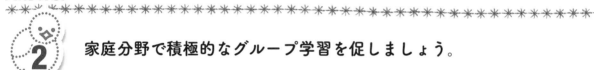

①知識・技能における教え合い　②計画での考え，アイディアの出し合い
③相互評価やお互いの相談

　「対話的な学び」の視点より，生徒同士で協働したり，意見を共有して互いの考えを深めたり，考えを明確にしたりするなど，自分の考えを広げ深める学びを大切にしましょう。グループで学び合うことにより，自分の考えと友達の考えの共通点や相違点を見付けることができます。より深く考えるために，グループの考えをホワイトボードに集約・分類するなど，互いの考えを可視化し，比較できるようにすることも大切です。

　実践をふり返る場面では，「なぜ，その方法にしたのか？」をお互いに聞き合い，よいところやアドバイスなどを交換し合い，改善策につなげるような学び合い活動を心がけましょう。

▲ホワイトボードを使って考えを出し合う生徒

ベテラン先生の アドバイス

衛生的で，片付け上手な生徒になるよう工夫しよう！

調理室編

1 各班にワゴンを準備しよう！

　生徒は片付けがきれいにでき，教師は片付けの確認がしやすいですよ！　衛生面だけでなく，必要な場所に移動ができるので，便利です。

上段：計量器・菜箸・玉じゃくし等
中段：ボール・ざる
下段：なべ

> ワゴンに乗せるものの置き方・片付け方，注意事項を写真に撮り，返却位置に置いておくと生徒が上手に片付ける事ができます！

2 安価に購入できるデザインボックスを上手に使おう！

> 調理実習で同じ食器を使う場合は，デザインボックスを使用し，出し入れの工夫をしてみましょう。上段には，出し入れできるかごを付け，計量ばかりや必要に応じた物を入れると，風通しもよく，衛生面からも安心です。

> 『調理に合わせてお皿を選んでみましょう』コーナーをつくり，皿選びをさせると，問題解決的な学習の助けにもなります。

3 衛生面をいつも意識できる表示をしておこう！

流し

食器棚

まな板

コンロ

ベテラン先生の
アドバイス

> 安全な作業ができる道具の配置や，
> 左利きの生徒への配慮をしよう！

被服室編

安全な作業スペースの確保

　教室の大きさや実習台の数による物理的な問題には，次の資料を参考にして対策を考えてみましょう。

①実習台の上の教科書や道具の配置を板書して，生徒が必要な作業場所を確保できるようにする。

②家庭科室周囲の空きスペースなどを作業用に活用する。

③道具は，小ぶりのケースにまとめるか，班ごとではなく，集中管理方式にして実習台の作業スペースを確保する。

▲製氷皿を利用して，ミシンのボビンを整理

▲アイロンを利用した後の置き場所と注意事項の表示

▲ものさしの整理

左利きの生徒への配慮

①ミシンやアイロンのコンセントは，利き手側にコードがくるようにすると，手にコードがからまりにくい。

②左利きの生徒の座席は，出席番号順でなく，机の左端になるようにすると，本人の作業がしやすい。

③左利き用の裁ちばさみもあるので，何本か用意しておくとよい。

▲利き腕の方からコードがくる

> 手がぶつからなくて，作業がしやすいね。

▲左利きの生徒の座る位置の工夫

Question 5 どんな掲示物や作品見本を見せればいい？

check ☑ 調理室や被服室などの掲示物や作品見本が役立っているか
チェックしましょう。

check ❶ □

安全・衛生的な作業のための注意が見やすく掲示されていますか？

だって
見えないもの。

ここに書いて
あるでしょう。

Answer 1

check ❷ □

魅力的な作品見本になっていますか？

早くつくって
使いたいな。

Answer 2

check ❸ □

掲示物が貼られたままボロボロになっていませんか？

ミシンを使おう

私たちが使う
ミシンと違うね。

Answer 3

check ❹ □

ICT は活用されていますか？

プロジェクタで視覚的
な授業展開になった。

いろいろな切り方

Answer 4

Answer

ミシン，アイロンや生徒が興味を持つ道具の安全な使い方，食物の衛生的な扱い方を示す掲示物にしましょう。

Try 1　家庭分野での事故防止にトライ！

　教師は当たり前と思っていても，生徒は経験が少なく馴染みのないことがたくさんあります。示範や教科書で確認させることも大切ですが，安全・衛生で特に守らせたいことをピックアップして掲示するようにしましょう。

　掲示を作成するときのポイントは，「文字は少なく大きくする」，「使用する場所や目に止まる場所に掲示する」ことです。教室にはその他にも様々な掲示があるので，背景の色づかいや文字のフォントなどを使い分けて，情報が乱雑にならないようにしましょう。

【安全・衛生的な作業のための掲示例】

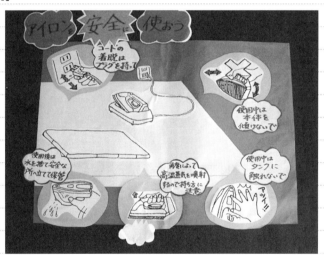

Answer

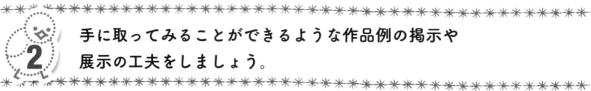

2 手に取ってみることができるような作品例の掲示や展示の工夫をしましょう。

Try 2 製作のイメージがわくような製作見本や完成見本の展示にトライ！

　ことわざの「百聞は一見にしかず」のように，よい作品づくりにはよいお手本を用意しましょう。作品が完成するまでの実物見本は，いくつかの段階に分けて用意しましょう。見本に用いる糸は，目立つ色にするとわかりやすくなります。示範で見せたとしても，布と布の縫い合わせ方，糸の通り方などを生徒は手に取って学びます。先輩たちの作品や先輩たちのワークシート・計画書，見習うべき点などを記した教師からのメッセージも展示すると効果的です。

▲幼児のおもちゃの作品例

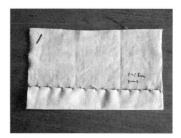

▲縫い方の実物見本

Answer

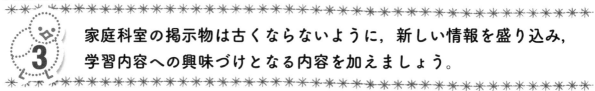

3 家庭科室の掲示物は古くならないように，新しい情報を盛り込み，学習内容への興味づけとなる内容を加えましょう。

Try 3 新聞やTVで取り上げられ，主体的な学びの入り口として役立つような情報の掲示にトライ！

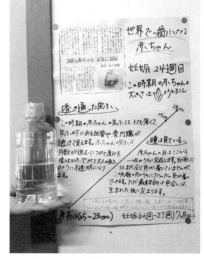

　常に掲示しておくのは，学校教育目標，日課表，生活目標などの学校統一のものと，家庭分野の教科目標や安全面・衛生面を注意喚起するコンセント・手洗い場などの掲示です。(p.23参照)

　題材ごとにお助けコーナーなどの授業に関する情報を掲示すると，生徒は自ら読み込むようになります。その他の生活に役立つ旬な情報などは，廊下の掲示板を活用してみましょう。

　掲示物はどれも大切な情報ですが，常に貼ってあり，色あせていると風景と化してしまいます。常時掲示するものも状況に応じて作成し直しましょう。

▲最新の情報を掲示で

Answer

4 ICT を取り入れ，効果的な授業にしましょう。

Try 4 学校にある ICT を授業で活用することにトライ！

　PC 教室での調べ学習は，多くの教科で行われ，家庭分野でも郷土料理を調べさせたり，ソフトを使って献立作成をさせたりする学習が行われています。

　電子黒板やタブレット端末（台数の整備状況によって）を利用すると，映像を見せて書き込ませたり，疑似体験で目的に合った映像を記録して共有させたり，効果的な題材の学習を進めることができます。

▲タブレットからプロジェクタへ

▲疑似体験を映像化

ベテラン先生の
アドバイス

ひと工夫した段階見本で興味づけをしよう！

　次のような工夫で，生徒の意欲を高めましょう。実習室には，楽しい作業がたくさん待っていることを生徒に知らせましょう。

○友だちの「学習ノート」や「ワークシート」は，一番の参考教材になります。
○「家庭科室」は，先輩の「誠実で立派に学ぶ」姿を後輩に示す絶好の場所となります。
○よい点を認めた掲示物が，生徒の関心を呼び起こします。
○「手書きの掲示物」も生徒の心に火をつけます。

【生徒が主体的に学ぶ掲示物の例：手書きの掲示物】

Question 6 ワークシートを効果的に使うには, どうしたらいい？

check☑ 授業でのワークシートの使い方をチェックしましょう。

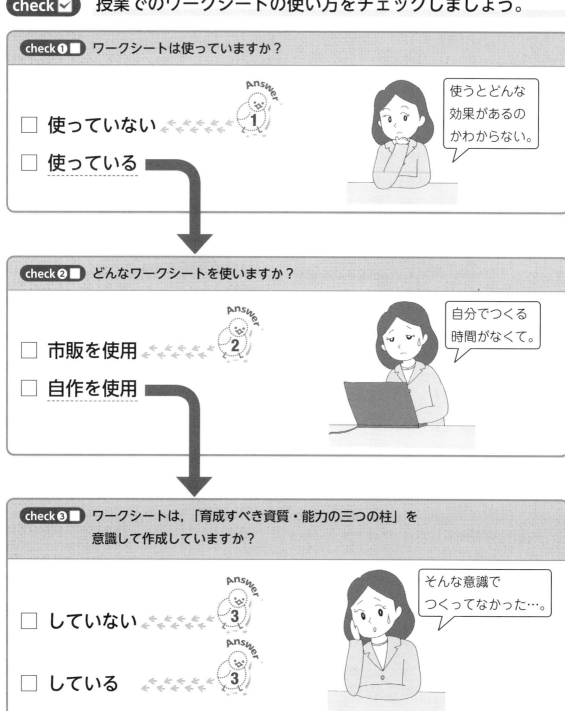

check❶ ワークシートは使っていますか？

☐ 使っていない　Answer 1

☐ 使っている

使うとどんな
効果があるの
かわからない。

check❷ どんなワークシートを使いますか？

☐ 市販を使用　Answer 2

☐ 自作を使用

自分でつくる
時間がなくて。

check❸ ワークシートは,「育成すべき資質・能力の三つの柱」を
意識して作成していますか？

☐ していない　Answer 3

☐ している　Answer 3

そんな意識で
つくってなかった…。

26

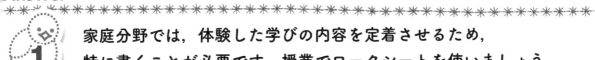

Answer

1 家庭分野では，体験した学びの内容を定着させるため，
特に書くことが必要です。授業でワークシートを使いましょう。

Try 1　授業でワークシートを使うことにトライ！

　家庭分野の学習では，実習で，手や身体を使うことによって知識及び技能を習得していきます。そこで得られた学びをさらに定着させるためには，言葉で表現することが重要であり，ワークシートが有効です。

　ワークシートには，自分の体験を記録しておくことが大切です。実習で手を使い，言葉で表し，ワークシートに記入し，それを読むことで，頭と口を使い，脳を刺激し，学力をつけていくことができます。

作業が脳を刺激

手を使った作業

学習が脳を刺激

手を使った学習

　ワークシートは，知識や技能の定着だけでなく，作業進度の調整，少ない学習時間の効率的な補い，学び合う学習への手助け，問題解決的な学習への手引きなどとして,思考を深め,主体的・対話的で深い学びにつなげるツールのひとつになります。

Answer

2 はじめは市販のワークシートや学習ノートを活用して，
将来に役立つ教師力を養いましょう。

Try 2　まずは市販のワークシートや学習ノートの活用にトライ！

　市販のワークシートや学習ノートは，学習のしやすさや，「資質・能力の三つの柱」の育成のバランス，学習評価まで考えて作成されているものがたくさんあります。カラー版も多く，絵や図などがわかりやすくなっています。1冊にまとまっているものもあるので，教師も生徒も管理しやすく，扱いやすくできています。

　さらに，学校や生徒の実態に合うワークシートが必要になった時，自分でワークシートや学習ノートを作成するための参考資料にもなります。

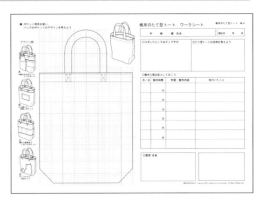

▲市販のキット教材付属のワークシート

（資料協力　優良教材株式会社）

Answer

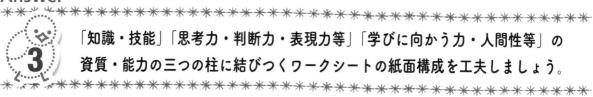

3 「知識・技能」「思考力・判断力・表現力等」「学びに向かう力・人間性等」の資質・能力の三つの柱に結びつくワークシートの紙面構成を工夫しましょう。

Try 3 学校や生徒の実態に合うワークシートづくりにトライ！

①目的が明確なワークシートをつくろう

ワークシートを自作するときには，目的を明確にしましょう。目的がないまま作成しても，能力の育成には結びつきません。学校や生徒の実態把握に基づいたワークシートづくりに取り組みましょう。

「知識及び技能」の習得

「思考力，判断力，表現力等」の育成

「学びに向かう力，人間性等」の育成

②ワークシートの完成度をアップしよう

文意や語尾が「資質・能力の三つの柱」の学びに沿っているでしょうか。

(1) 知識及び技能の習得（覚え習得する学び）

○基礎知識について知り，習得させるため，語尾は「覚えよう，整理しよう，写そう，知っていますか」などとしましょう。

○基礎技能を習得させ，実際にできるようにするため，語尾は，「ポイントをまとめよう，できるようになったことを書こう」などとしましょう。

(2) 思考力，判断力，表現力等の育成（考える学び）

○思考力，判断力，表現力を育て，考える対象を明確にするため，語尾を「○○を考えて書こう，考えて○○をまとめよう」などとしましょう。

(3) 学びに向かう力，人間性等の育成（態度を形成する学び）

○学習対象への関心を呼び起こして態度形成につなげるため，語尾を「○○って何だろう，見つけた・気づいた」などとしましょう。

【資質・能力の三つの柱を考えたワークシートの例】

> 課題を明確に書かせる

家庭分野　B衣食住の生活（食生活）　　月　　日(　)　　　年　　組(　)氏名

学習課題：

1 食品添加物について知ろう（教科書 p　　　）
・加工食品の製造・加工の過程では，製造上の必要性や（　　　　　）を高める目的で使用される。
・（　　　　　）や（　　　　　）をよくする。
・（　　　　　）を強化する。
・使用できる種類や量は，法律上で決められている。

> 1 2は知識及び技能の習得をねらった質問

2 食品添加物の長所と短所をわけてみよう

長所	短所

3 用途に応じて考えて食品を選択しよう

> 3 Q1 Q2 Q3は，思考力，判断力，表現力等の育成をねらった質問

Q1．朝食のサラダ用
私が選んだハムは，＿＿＿＿＿＿＿＿＿＿＿＿です。
その理由は，

Q2．幼児のいる家庭用
私が選んだハムは，＿＿＿＿＿＿＿＿＿＿＿です。
その理由は，

Q3．贈り物用
私が選んだハムは，＿＿＿＿＿＿＿＿＿＿＿です。
その理由は，

4 これから何を大事にして食生活を送ろうと思いますか。

> 4は，学びに向かう力，人間性等の育成をねらった質問

Question 7

アプローチ　ホップ　ステップ　ジャンプ　パーフェクト

年間指導計画はどう立てたらいい？

check ✓ 資質・能力が育つよう，学校や生徒の実態を考慮して作成します。3年間の指導の流れを考え，題材を配列し，年間指導計画をチェックしましょう。

家庭分野では，空間軸の視点では主に「家庭と地域」，時間軸の視点では主に「これからの生活を展望した現在の生活」を扱います。

check❶ 家庭分野で育てたい生徒の姿が明確になっていますか？

check❷ 3年間の指導の流れを考え，題材を配列していますか？

☐「A 家族・家庭生活」（1）のア

　→第1学年の最初に履修　→家族・家庭の機能とAからCまでの各内容との関連

☐「A 家族・家庭生活」（4），「B 衣食住の生活」（7），「C 消費生活・環境」（3）

　→三項目のうち，一以上を選択し履修　→他の内容と関連を図り，課題を設定

　**1 題材チェック表**

check❸ 新しい内容等は踏まえられていますか？

☐高齢者など地域の人々との協働，介護など高齢者との関わり方

☐「蒸す」料理　☐和食（だしを用いた煮物又は汁物），和服など

☐衣服等の再利用の方法　☐自然災害に備えた住空間の整え方

☐消費者被害への対応　☐クレジットカードなどの三者間契約　▶p.34〜37

check❹ 指導内容の関連を図って題材を構成していますか？

☐「B 衣食住の生活」（6）「住居の機能と安全な住まい方」のア及びイ

　→「A 家族・家庭生活」（2）及び（3）との関連

☐「C 消費生活・環境」（1）及び（2）

　→「A 家族・家族生活」または「B 衣食住の生活」の学習との関連

　2 年間指導計画の例

check❺ 各題材に適切な時間を配分していますか？　▶ 　**2 年間指導計画の例**

check❻ 指導すべき内容に漏れがないかを確認していますか？

　1 題材チェック表

Answer

1 家庭分野　題材チェック表

				第1学年 題材1	第1学年 題材2	第1学年 題材3	第2学年 題材1	第2学年 題材2	第2学年 題材3	第3学年 題材1	第3学年 題材2	第3学年 題材3	合計
A 家族・家庭生活	(1)	ア		自分の成長と家庭生活との関わり、家族・家庭の基本的な機能、家族や地域の人々との協力・協働										
	(2)	ア	(ア)	幼児の発達と生活の特徴、家族の役割										
			(イ)	幼児の遊びの意義、幼児との関わり方										
		イ		幼児との関わり方の工夫										
	(3)	ア	(ア)	家族の協力と家族関係										
			(イ)	家庭生活と地域との関わり、高齢者との関わり方										
		イ		家庭生活をよりよくする方法及び地域の人々と協働する方法の工夫										
	(4)	ア		家族、幼児の生活又は地域の生活についての課題と計画、実践、評価										
B 衣食住の生活	(1)	ア	(ア)	食事が果たす役割										
			(イ)	中学生の栄養の特徴、健康によい食習慣										
		イ		健康によい食習慣の工夫										
	(2)	ア	(ア)	栄養素の種類と働き、食品の栄養的特質										
			(イ)	中学生の1日に必要な食品の種類と概量、献立作成の方法										
		イ		中学生の1日分の献立の工夫										
	(3)	ア	(ア)	用途に応じた食品の選択										
			(イ)	食品や調理用具等の安全と衛生に留意した管理										
			(ウ)	材料に適した加熱調理の仕方、基礎的な日常食の調理										
			(エ)	地域の食文化、地域の食材を用いた和食の調理										
		イ		日常の1食分のための食品の選択と調理計画及び調理の工夫										
	(4)	ア	(ア)	衣服と社会生活との関わり、目的に応じた着用や個性を生かす着用、衣服の選択										
			(イ)	衣服の計画的な活用、衣服の材料や状態に応じた日常着の手入れ										
		イ		日常着の選択や手入れの工夫										
	(5)	ア		製作する物に適した材料や縫い方、用具の安全な取扱い										
		イ		生活を豊かにするための資源や環境に配慮した布を用いた物の製作計画及び製作の工夫										
	(6)	ア	(ア)	家族の生活と住空間との関わり、住居の基本的な機能										
			(イ)	家族の安全を考えた住空間の整え方										
		イ		家族の安全を考えた住空間の整え方の工夫										
	(7)	ア		食生活、衣生活、住生活についての課題と計画、実践、評価										
C 消費生活・環境	(1)	ア	(ア)	購入方法や支払い方法の特徴、計画的な金銭管理										
			(イ)	売買契約の仕組み、消費者被害、物資・サービスの選択に必要な情報の収集・整理										
		イ		情報を活用した物資・サービスの購入の工夫										
	(2)	ア		消費者の基本的な権利と責任、消費生活が環境や社会に及ぼす影響										
		イ		自立した消費者としての消費行動の工夫										
	(3)	ア		環境に配慮した消費生活についての課題と計画、実践、評価										

＊ 「生活の課題と実践」は3学年間で1以上を選択

ステップ
学習指導計画を立てよう

Answer

2 家庭分野　年間指導計画の例

小学校⇒中学校⇒高等学校への系統性を考えた例です。問題解決的な学習の難易度をステップアップし，生活を工夫し，創造する力を身につけられるようにしました。
また，「生活の営みに関わる見方・考え方」を題材名として，意識してあります。

ガイダンスでは，小学校家庭科の学習を踏まえた家族・家庭の機能を扱い，中学校の家庭分野への見通しを持たせる。

2年生は，服装やおしゃれなど，お金の扱いが増える時期となるので，衣服の計画的な選択で，消費生活の学習を行うように配慮した。

幼児や高齢者との関わりなどの体験活動，地域との関わりを考える学習を生かし，夏休みの実践に繋げる。

少子高齢者社会に対応をするため，家族や地域との関わりを重視し，幼児や高齢者と関わる体験，防災での避難所運営，幼稚園訪問など，実践的・体験的な学習活動を充実させた。

1年

週(時)	1	2	3	4	5	6	7	8	9	10	11	12	13	14
題材名	見方・考え方を広げよう		健康に過ごすための秘策を知ろう				適切に食品を扱おう				食文化を受け継ごう			
学習内容	家庭分野ガイダンス	自分の成長と家族／家族や家庭の基本的な機能	食事の役割	中学生によい食習慣	栄養素の種類と働き	中学生に必要な栄養の特徴	調理の基本	(調理器具の適切な扱い方)	基礎的な日常食の調理	野菜類でけんちん作り（技術生物育成で収穫した）	[だしを使った雑煮作り]		伝統的な和食文化	実践報告会
学習指導要領	A(1)ア (3)ア(ア)		B(1)ア(ア)(イ)(2)ア(ア)	B(2)ア (ア)(イ)			B(3)ア (ウ)				B(3)ア (エ)、イ			

2年

週(時)	1	2	3	4	5	6	7	8	9	10	11	12	13	14
題材名	衣服を長く、大切に着よう										家族が安心して			
学習内容	目的や個性を生かした着用／衣服と社会生活の関わり		衣服の計画的な選択・活用		支払い方法の特徴	(洗濯・補修の仕方)／衣服に応じた手入れ		住居の基本的な機能／家族の生活と住空間			幼児・高齢者体験		家族の安全を考えた住まい方	
学習指導要領	B(4)ア(ア)		B(4)ア(イ)、イ、C(1)ア(イ)						B(6)ア(ア)		B(6)ア(イ)、イ			

3年

	家族や地域との絆を深めよう	幼児と関わろうⅠ			より良い生活のためにⅠ	幼児と関わろうⅡ		ふれあい体験(訪問)	より良いのため
題材名	家族や地域との絆を深めよう	幼児と関わろうⅠ			より良い生活のためにⅠ	幼児と関わろうⅡ			より良いのため
学習内容	自分の成長と家族家庭生活／地域の人々との協力協働	子供が育つ環境／家族の役割／幼児の生活の特徴／幼児の発達の特徴		遊びの意義と／遊び道具づくり	生活の課題と実践	遊び道具の役割／幼児との関わり方		ふれあい体験(訪問)	【家庭・地域で実践】生活の課題と実践
学習指導要領	A(1)ア (3)ア(ア)(イ)	A(2)ア(ア)		A(2)ア(イ)	B(7)ア、C(3)ア、A(4)	A(2)イ			B(7)ア

32

いろいろな切り方から，野菜の性質を理解し，適切な扱いができるようにした。ここでは，切ったジャガイモを利用して「蒸す」と「ゆでる」の比較を行い，ポテトサラダへと繋げる。

小学校での調理の基礎を確実に定着させ，技術分野の生物育成などとの連携を図る。

調理の基礎からの発展として，雑煮を扱った。さらに生活に繋げるための学習の一環として，問題解決的な学習を行う。

中学生におけるスマートフォンの普及から1年生の後半の時期に三者間契約について学習する。

ステップ 学習指導計画を立てよう

7 18	19	20	21	22	23	24	25	26	27	28	29	30	31	32	33	34	35

適切に食品を扱えるようになろう / 健康的な食生活を身につけよう / 賢い消費者になろう / 持続可能な社会のために

・商品の選択と購入
・野菜の性質
・2種類のポテトサラダ作り（ゆでる・蒸すの比較のため）調理実験
・基礎的な日常食の調理 魚料理 肉料理
・付け合わせ
・1日に必要な食品の種類と概量
・中学生の1日分の献立
・消費者の権利と責任
・消費者トラブル
・クレジット三者間契約
・持続可能な社会
・自ら取り組むエコ生活

C(1) ア (ｱ) / B(3) ア (ｳ) / B (2) ア (ｲ)、イ / C(1) ア(ｱ) (ｲ)、イ / C(2) ア、イ

リフォーム・リメイク題材の例

小学校で製作したエプロン
・首ひもが動く。
・うまく結べない。

〜ようにしよう / より良い生活のために / 生活をより良くするために、行動しよう

・災害時の備え
・より良い衣生活
・住生活を工夫しよう【夏休みに実践】
・実践報告会
・伝統的な和服文化
・衣服の再利用の方法
・生活を豊かに家族が
・健康、快適、安全に
・過ごすために役立つ
・布を用いた製作

防災の視点から，他教科の学習とも関連づける。

安心・安全の視点から，問題解決的な学習を行う。

実際に和服に触れながら，和服の再利用を学び，リフォーム・リメイク題材に繋げる。

(3) ア (ｲ) / B(4) イ、B(6) イ / B(5) ア、イ、C (2) ア、イ

中学校でリメイク
・首ひもと腰ひもを別々に縫う。
・腰ひもを長くして前で結べるようにする。

問題解決的な学習を繰り返し行った後，「生活の課題と実践」を学習できるように設定した。3年間の問題解決的な学習のまとめとして，生活を工夫，創造し，家庭や地域での実践に繋がるように配慮した。

【内容ごとの指導時数例】

指導時数	A	B			C	生活の課題と実践	合計
		衣	食	住			
	17.5	24	19	13	10	4	87.5

ベテラン先生の アドバイス ── **学習指導要領を踏まえたアドバイスをしよう！**

[食：調理実習] …中学校での調理技能を習得させることにトライ！

　魚・肉・野菜などを用いて，「煮る・焼く・蒸す」の調理法で実習を計画しましょう。

　学習指導要領（家庭科）より，小学校は「ゆでる，いためる」，中学校では「煮る，焼く，蒸す」の調理方法を扱うこととなっています。生の肉，魚を扱うのは中学校からです。高等学校では，「料理の様式に適した調理法」「食文化の継承を考慮した献立作成や調理計画」とされています。各校種で定められた食材や調理法を扱うことを押さえて，調理技能の定着を図りましょう。

（調理例）

	煮る	焼く	蒸す
肉	牛丼	しょうが焼き	しゅうまい
魚	煮魚	かば焼き	ホイル蒸し
野菜	筑前煮	野菜とキノコの オーブン焼き	蒸し野菜サラダ

　調理実習では，**一人で調理ができる力**をつけさせることが基本ですが，調理台の数，コンロの数など設備面からグループで取り組ませざるを得ない場合があります。

　一人調理の場合，2人組をつくり，生徒同士で相互評価を取り入れ，お互いの技能の習得状況を確認させるようにしましょう。

34

衣：布を用いた製作 …小学校の学習指導要領を踏まえて，中学校の内容を指導することにトライ！

【製作に関する小・中学校5年間の学習内容・技能系統表】 ◎…重点指導，○…指導

作品名等の例			ネームプレート ポケットティッシュ ケース コースター	ランチョンマット ウォールポケット クッションカバー	きんちゃく袋 てさげ袋 ナップザック	生活を豊かにするための布を用いた製作 衣服等の再利用
			小学校	小学校	小学校	中学校
基礎的・基本的な知識・技能	製作に必要な材料・製作時間	製作に必要な材料：扱いやすさや丈夫さなどの性質		◎	○	○
		布に適した糸		◎	○	○
		製作する物に応じて準備する材料		◎	○	○
		布等の材料の特徴と選択			○	◎
		製作計画：製作する物の目的・機能に適した布の形や大きさ	◎	○	○	○
		縫い代の必要性		◎	○	○
		ゆとりの必要性			◎	○
		目的に応じた製作方法				◎
	布を用いた物の製作	裁断	◎	◎	◎	○
		しるしつけ	◎	◎	○	○
		手縫い：玉結び	◎		○	○
		玉どめ	◎		○	○
		なみ縫い	◎		○	○
		半返し縫い・本返し縫い	◎			○
		まつり縫い				◎
		ボタンつけ	◎	○	○	○（スナップボタン）
		ミシン縫い：直線縫い		◎	○	○
		目的に応じた縫い方				◎
		用具の安全な取扱い：針類	◎	◎	○	○
		はさみ類	◎	○	○	○
		ミシン		◎	○	○
		アイロン		◎	○	○

ステップ　学習指導計画を立てよう

蒸し料理のポイント～中学校では蒸し料理を行います～

水蒸気で加熱する調理法です。水蒸気が食品の表面で水に変わる時に熱を出して，その熱を食品に伝えます。茹でても蒸しても火の通る時間は，ほぼ同じです。根菜類は，水から蒸しますよ！

「蒸す」って何？

蒸し皿

蒸し器

【食における小・中学校5年間の学習内容・技能系統表】

小学校家庭科「B衣食住の生活（2）調理の基礎」における題材配列と指導内容（例）

学年		小学 第5学年		小学 第6学年	
題材		1 春の温野菜サラダを作ろう	2 おいしいいためものを作ろう	3 伝統的な日常食であるごはんとみそ汁を作ろう	4 1食分の献立を考えよう
時間		8	11	10	12
指導項目	（1）食事の役割			ア	アイ
	（2）調理の基礎	ア（イ）（エ）イ	ア（ア）（ウ）（エ）イ	ア（ア）（ウ）（オ）イ	ア（ア）（ウ）（エ）イ
	（3）栄養を考えた食事	ア（ア）	ア（ア）（イ）（ウ）イ		ア（ア）（イ）イ
	その他の内容				C（1）ア（イ）イ
実習題材		青菜のおひたし じゃがいも 温野菜サラダ	三色野菜炒め オリジナル野菜炒め	米飯 みそ汁（大根，油揚げ，ねぎ）	ゆでたり，いためたりするおかず
（2）調理の基礎 ア（ア）	材料の分量	◎	○	◎	○
	手順	◎	○	◎	○
	調理計画		○	○	○
ア（イ）	用具や食器の安全で衛生的な取扱い	○	○	○	○
	加熱用調理器具の安全な取扱い	◎	○	○	○
ア（ウ）	洗い方	◎			
	切り方		◎	◎	
	味の付け方		◎		
	盛り付け	◎	◎		
	配膳			◎	
	後片付け	◎	◎		
ア（エ）	ゆで方	◎			◎
	いため方		◎		◎
ア（オ）	米飯			◎	
	みそ汁			◎	

◎は重点を置くもの

※米飯・みそ汁は他教科との関連から6年生に題材配置を行った

参考：国立政策研究所資料

> 調理の基礎については，各題材で重なる内容が多いので，題材毎に"重点的に見る技能"を焦点化しておくとよい（毎回全ての技能を見ることは難しい）。

蒸し料理の簡易調理例

カップケーキ

中華まん

蒸し野菜

【食における小・中学校5年間の学習内容・技能系統表】

中学校家庭分野「B衣食住の生活（3）日常食の調理と地域の食文化」における題材配列と指導内容（例）

学年			中学　家庭分野				
題材			5　技術の生物育成で収穫した野菜を使って汁物を作ろう	6　食文化を受け継ごう	7　適切に食品を扱えるようになろう		
時間			3	4	2	4	4
指導項目	（1）食事の役割と中学生の栄養の特徴		ア（ア）（イ）イ			イ	イ
	（2）中学生に必要な栄養を満たす食事		ア（ア）	ア（ア）（イ）イ		ア（ア）（イ）	ア（ア）（イ）
	（3）日常食の調理と地域の食文化		ア（ア）イ（イ）（ウ）（エ）	ア（ア）イ（イ）（ウ）（エ）イ	ア（ア）イ（イ）（ウ）	ア（ア）イ（イ）（ウ）イ	ア（ア）イ（イ）（ウ）イ
	その他の内容		技術分野 生物育成				
実習題材			けんちん汁	雑煮	野菜の切り方テスト→ポテトサラダ	ハーブルと青菜のソテー	煮込みハンバーグと卵と野菜を使った付け合わせ
（3）日常食の調理と地域の食文化	ア（ア）	用途に応じた食品の選択	◎	○	○	◎	◎
	ア（イ）	食品や調理用具等の安全に留意した管理	○	○	○	◎	◎
		食品や調理用具等の衛生に留意した管理	○	○	○	◎	◎
	ア（ウ）	ゆでる				○	
		いためる				○	○
		煮る	◎	○			○
		焼く				◎	◎
		蒸す			◎		◎
		その他					
		魚				◎	
		肉					◎
		野菜	○	○	○	○	○
		その他（卵・いも類・小麦粉など）	○	○	◎		○
		材料の分量	○	○	○	○	○
		手順	○	○	○	○	○
		調理計画	○	○		○	
		洗い方					
		切り方	○		◎		
		味の付け方				◎	◎
		盛り付け	○	○		◎	◎
		配膳	○	○		○	○
		後片付け					
	ア（エ）	地域の食文化	○	○			
		地域の食材を用いた和食の調理	◎	◎			

◎は重点を置くもの

「日常食の調理と地域の食文化」については，各題材で重なる内容が多いので，題材毎に"重点的に見る技能"を焦点化しておくとよい（毎回全ての技能を見ることは難しい）。

Question 8 題材計画を立てるにはどうしたらいい？

check ✓ 題材計画の立て方や，題材計画を立てるときの注意点をチェックしましょう。

check❶ ☐
生徒の実態にあっていますか？

> ミシンの使い方は，どうだったかな？

Answer 1

check❷ ☐
教科書を活用した題材計画を立てていますか？

> ①健康と食生活を考えよう
> ②献立作成と食品の選択をしよう

Answer 2

check❸ ☐
学校の特色を考慮していますか？

> うちの学校は地域とのつながりが強いから…。

Answer 3

check❹ ☐
授業の時間内に作業が終わるように工夫をしていますか？

> もうすぐ4時間目が終わってしまう…。

Answer 4

Answer

1　最初の授業で家庭分野アンケートを実施してみましょう！

Try 1　初めて会う生徒の実態を把握することにトライ！

　最初の授業で家庭分野アンケートを実施しましょう。アンケート結果から見えてくる生徒の実態をもとに，題材計画を検討することができます。

　小学校で実習したものや，ミシンのセッティング，縫い方など学習前の知識及び技能の定着の様子を知ることができます。定着の厳しい面が予想される場合は，説明を補い，十分満足できる習得の様子があれば褒めてから中学校の内容に入るなど，生徒に寄りそった実践を計画できます。また，計画の立て直しが難しい場合は，次年度で調整することもできます。目の前にいる生徒たちが，どのような題材を経て成長していくか，必要と考えられる計画を立てましょう。

【家庭分野アンケート例】

家庭分野　授業前アンケート

　　　　　　　　　　　　　　　　　　※あてはまるものに〇をつけてください。

1　小学校の調理実習では何をつくりましたか？　　（複数回答 ok）

お茶入れ	青菜をゆでる	ゆで卵	ゆで野菜	ご飯
みそ汁	炒め野菜	スクランブルエッグ		
その他 [　　　　　　　　　　　　　　　　　　　　　　]				

2　布を用いた実習では何をつくりましたか？

フエルト小物	ネームプレート	ランチョンマット	クッション
まくらカバー	手さげバッグ	ナップザック	エプロン
その他 [　　　　　　　　　　　　　　　　　　　　　]			

3　ボタン付けはできますか？

　　1人でできる ・ 教科書をみればできる ・ 教えてもらえばできると思う ・ できない

4　手縫いは何縫いができますか？　　（複数 ok）

　　なみ縫い ・ かがり縫い ・ 本返し縫い ・ 玉むすび ・ 玉どめ ・ その他

5　ミシンはどれくらい扱えますか？　　（各項目１つ）

　　セッティング　1人で全てできる ・ 教科書をみればできる ・ 一部できる ・ できない
　　※上糸，下糸，ミシン針，電源コード

　　ミシン縫い　1人でうまく縫える ・ 教えてもらえばできる ・ 縫えない

Answer

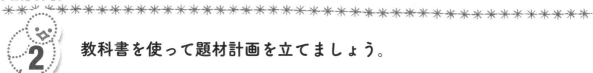

2　教科書を使って題材計画を立てましょう。

　題材計画を立てる時は，教科書の項目を参考にして題材計画を立ててみましょう。

　「生活の営みに係る見方・考え方」や「空間軸・時間軸」の視点に着目してみてもよいでしょう。

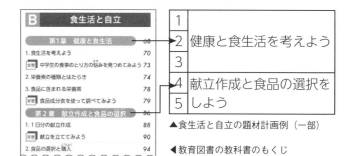

▲食生活と自立の題材計画例（一部）

◀教育図書の教科書のもくじ

Answer

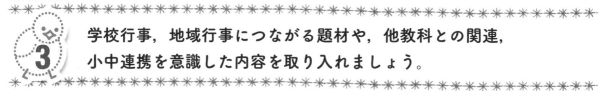

3　学校行事，地域行事につながる題材や，他教科との関連，小中連携を意識した内容を取り入れましょう。

1.小中連携，他教科との関連

　家庭分野だけでなく，学校・地域全体で生徒を育てる視点をもちましょう。小中連携を意識した題材も立派な学校の特色になります。また，社会の公民と消費生活との関連や，保健体育の健康，道徳を要とした授業の位置づけなども考えられます。

2.学校行事，地域行事につながる題材

　校外学習などで飯ごう炊飯がある場合，野菜の切り方，火の通し方，安全・衛生など技能の定着になります。布を用いたものの製作の実習では，行事で活用できるものを製作するのも一つの手です。また，地域の方を招いて，特産物を使った調理実習なども考えられます。所属する学校ならではの題材計画を立案してみましょう。

▲小学生に作業を教える生徒

▲ゲストティーチャー

▲特産物を使った調理

Answer

4 製作の先行体験を通して，知識や技能を習得させましょう！

Try 4 簡単なものづくりにトライ！

　最近の生徒は，生活の中でのものづくり経験が乏しいため，いきなり製作や調理などの実習を行わせることが困難な場合も想定されます。

　そこで，基礎的，基本的な知識・技能の習得を，簡単なものづくりを通して行う学習課題を設定します。この方法により，時間数を削減することが可能です。

【簡単なものづくりの例】

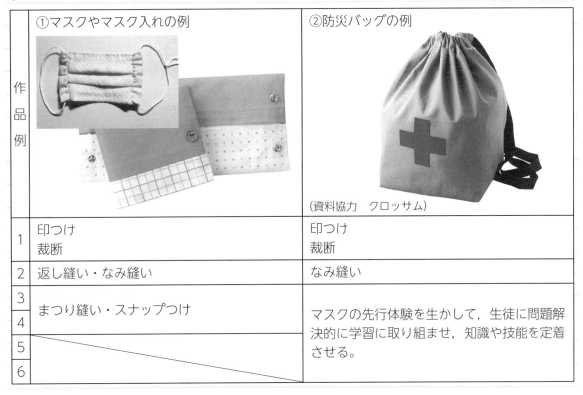

	①マスクやマスク入れの例	②防災バッグの例
作品例		(資料協力　クロッサム)
1	印つけ 裁断	印つけ 裁断
2	返し縫い・なみ縫い	なみ縫い
3	まつり縫い・スナップつけ	マスクの先行体験を生かして，生徒に問題解決的に学習に取り組ませ，知識や技能を定着させる。
4		
5		
6		

　キット教材を使用する場合，説明書通りに取り組ませることが多いと思います。しかし，生徒の実態に応じて先生が手順を変更して，難易度を変えることも必要です。

　はじめは，生徒の実態に応じてマスクなどの簡単なものづくりを行い，身につけさせたい技能を決め，短時間で取り組むことができるものを考えてみましょう。

　2作品目では，製作の先行体験を生かし，生徒の実態にあわせ，知識や技能の定着をはかり，問題解決的な学習の幅を広げた防災バッグなどの作品づくりにしていきましょう。

悩みの相談室

「そもそも，題材って何ですか？」〜学習指導要領に記載されている「題材」〜

　技術・家庭科における題材とは，教科の目標及び各分野の目標の実現をめざして，各項目に示される指導内容を指導単位にまとめたものです。したがって，題材の設定に当たっては，各項目及び各項目に示す事項との関連を見極め，相互に有機的な関連を図り，系統的かつ総合的に学習が展開されるよう配慮することが重要です。

ベテラン先生のアドバイス

題材計画を立てるときに考えておこう！

　計画を作成するときには，まとまりのある指導内容を可能にする「題材」を中心に考える必要があります。より分析的で，系統的な題材計画を立てることにチャレンジしましょう。

1　題材を通して育てる学力を分析しよう。

　その題材を学ぶことで，生徒はどのような学力をつけるのでしょうか。

　学習指導要領を分析し，全員に身につけさせるべき学力を，内容別，観点別に取り出しましょう。

2　生徒の実態を正確に把握しよう。

　題材の学習を進める上で，生徒がすでに身につけている力や，足りない力などを把握しましょう。

　例えば，家庭分野への関心，調理や布を用いた製作の経験の有無，前提となる知識・技能などをどのくらい身につけているか，事前調査などから把握しましょう。

3　学習課題の順番を決めよう。

　明らかにした学力を育てる学習課題や，把握した生徒の実態をもとに，必要と考えた学習課題をどのような順番に並べたらよいか，考えます。

　資質・能力の三つの柱を意識した構造や，体験を通した知識及び技能の学習課題などを順番に並べると，よい題材になります。

　また，どのような内容を行えば，ねらった学力が育てられるかを考え，実習教材を決定することも必要です。

悩みの相談室

もっとしっかりした学習計画を立てたいけれど…。
3年間の指導計画づくりに挑戦しよう！

　家庭分野では，各学校の実情に応じて，3年間を通してすべての内容が教えられるよう，その指導計画を編成することとなっています。

　つまり，中学校3年間で家庭分野を学んでいく上で，どのような題材を計画し，どのような順番で内容を並べていくかは，家庭分野担当の先生がすべて決めてよいことになっています。そこで，題材計画を上手につくり，3年間を見通した指導計画を立ててみましょう。

　3年間の指導計画を立てる場合，題材ごとに取り組む実習や学習活動が，生徒の実態に合った難易度であるか十分に考えます。

　例えば，1年生に，説明なしで計画や製作をさせることや，3年生に説明書通りに教材に取り組むものづくりをさせることは，指導する学年に適した難易度をうまく設定できているとはいえません。

　3年間の指導計画を立てる上では，題材計画をどのように立てるかで，家庭分野の授業は大きく変わっていきます。そこで，p.32〜33の年間指導計画の例を参考に，3年間の指導計画を立ててみましょう！

　下の年間指導計画のように，行事や他教科との関連，小中連携などの欄を入れると，さらにわかりやすい年間指導計画になります。

> 3年間を見通した授業づくりをしよう。

（右欄・縦書き）
ステップ
学習指導計画を立てよう

ベテラン先生のアドバイス

行事や他教科との関連，小中連携の入った年間指導計画を立てよう！

家庭分野　年間指導計画

週（時）	1	2	3	4	5	6	7	8	9	10	11	12	13	14	15
題材名	見方・考え方を広げよう		健康に過ごすための秘策を知ろう				適切に食品を扱おう				食文化を受け継ごう				適切に食品
学習内容（1年）	家庭分野ガイダンス	自分の成長と家族 家族や家庭の基本的な機能	食事の役割 健康によい食習慣	中学生に必要な栄養の特徴	栄養素の種類と働き		調理の基本（調理器具の適切な扱い方）		基礎的な日常食の調理 野菜類でけんちん汁作り（技術生物育成で収穫した）		伝統的な和食文化 ［だしを使った雑煮作り］		実践報告会		食品の選択と保存
行事											○				
他教科との関連			○保		○理			○技							
小中連携	○						○								
学習指導要領	A(1)ア (3)ア(ア)		B(1)ア(ア)(イ) (2)ア(ア)		B(2)ア (ア)(イ)		B(3)ア (ウ)				B(3)ア（エ）、イ				B(3 C(

※年間指導計画を立てる時，行事や他教科との関連，小中連携の欄を設けるとよい。

Question 9

アプローチ　ホップ　**ステップ**　ジャンプ　パーフェクト

授業の上手な時間配分はどうしたらいい？

check ☑ 授業展開の時間配分に留意しながら，一時間の授業設計をチェックしましょう。

---

check ❶ ☐

家庭分野ではどんな時間配分がよいのかわかっていますか？

> 時間配分は，大きく４つに分けてつくるといいのかしら。

Answer **1**

---

check ❷ ☐

導入の時間の長さと内容は適切ですか？

> この前レストランで食べたハンバーグが美味しくて…

Answer **2**

---

check ❸ ☐

展開1*と展開2*の時間と内容は適切ですか？

展開1
> 肉の加熱調理は…

展開2
> ハンバーグにどんなアレンジをしようかな？

Answer **3・4**

---

check ❹ ☐

学習のまとめの時間は適切ですか？

> まとめをワークシートに書きましょう。

Answer **5**

Answer

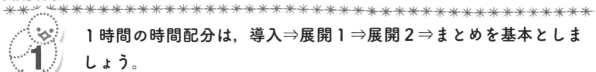

1 1時間の時間配分は，導入⇒展開1⇒展開2⇒まとめを基本としましょう。

Try 1 目標を持つ「導入」⇒気づきの「展開1」⇒問題解決の「展開2」⇒学習の「まとめ」で上手な授業にトライ！

予定していた時間内に授業を終えることができず，次の時間に持ち越してしまうことはありませんか。そのようなことがないように1時間の時間配分を4つに分けて計画しましょう。

	生徒の活動	教師の活動	準備
導入 （5〜10分）	①本時の目標を知る時間 ※課題を自分の目標として受け止めさせる。	・掲示物やスライドで説明する。 ・生徒に本時の課題を示す。	掲示物，コンピュータ・プロジェクタなど
展開1 （10〜15分） ＊展開1は，基礎的な内容や問題解決のための手がかりを学ぶ時間。	②基礎知識や技能を習得する時間	・教師の示範や生徒の体験活動を通して，知識や技能を学ばせる。	道具類，ワークシート，教材提示装置
展開2 （20〜30分） ＊展開2は，基本的な内容を活用した学習活動や問題解決のための時間。	③問題解決の時間 ＊あと片付けも含む。	・生徒の進度状況などを把握して，個別支援を行う。	ワークシート，ホワイトボードなど
まとめ （5分）	④学習のふり返りの時間	・学習をふり返る時間として，生徒がまとめ，発表する時間を確保する。	ワークシート，ノートなど

Answer

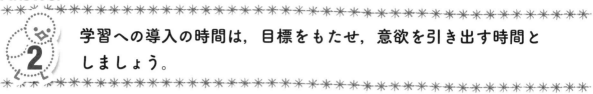

2 学習への導入の時間は，目標をもたせ，意欲を引き出す時間としましょう。

Try 2 目標が端的につかめる 10 分以内の導入にトライ！

　教材の準備やプリントの配布，前時の復習などに時間をかけず，導入のしかたを工夫してみましょう。

　材料や生徒の製作品は，取り出しやすい場所に収納し，教室に入ったら，各自で席に持っていくことができるようにしましょう。

　黒板には，授業の流れがわかるような掲示をしておきましょう。画像や掲示物を活用して生徒にイメージをもたせることも，時間短縮になります。目標を持てるような導入をすることで，生徒の題材への思いが高まります。

Answer

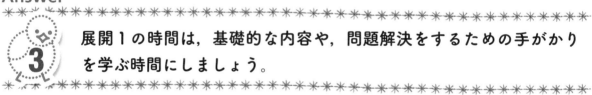

3 展開１の時間は，基礎的な内容や，問題解決をするための手がかりを学ぶ時間にしましょう。

Try 3 知識や技能の習得と問題解決の見通しづくりにトライ！

　基礎的な内容を身につけさせたり，問題に気づかせたりして，本時の展開２へとつなげる時間です。

　基礎的な知識及び技能の習得には，準備した映像の視聴を通した疑似体験や，場面の見通し，そのための手がかりを考えさせる学習が効果的です。

　グループで考えを検討する場面にしてもよいでしょう。

技術分野で栽培した野菜を付け合わせにするとバランスがよくなるでしょう。

Answer

4 展開2の時間は，問題解決の時間です。目標への活動や，問題解決の内容や方法をグループで共有する時間です。

Try 4　問題解決の時間の確保にトライ！

　展開2の時間は，生徒が主体的に活動する時間なので，余裕をもった時間を設定しておきましょう。教師は，目標に沿った活動をするように支援しましょう。

　実習では，用具・道具類，ミシンやアイロンを使いやすいように準備しておきます。また，グループで学び合う時間をつくる場合，検討した結果をホワイトボードやワークシートにまとめる時間，そしてプレゼンテーションをするまでの時間を確保しておきましょう。さらに，この時間に片付けの時間を設定し，有効な時間の活用を試みることも大切です。

※片付けは，展開2の時間に設定しましょう。

Answer

5 まとめの時間は，必ず取りましょう。授業のふり返りから，次につなげる時間です。

Try 5　5分間のまとめの時間を必ず取ることにトライ！

　授業の最後は，どうしても片付けの時間，掃除の時間，作品を片付ける時間となりがちです。しかし，身のまわりを片付けることと同じくらい，授業をふり返ることも大切なことです。終了前に必ず，生徒の授業の感想，発見したことや達成状況をふり返らせ，授業の達成内容や感想などを，ワークシートに記録させましょう。こうすることで，次の時間の目標を意識させたり，意欲をもたせたりできるようになります。

学習指導案はどう書けばいい？

改善前　その1

技術・家庭科（家庭分野）学習指導案

授業者　　教育　図書の助㊞

1　学年・題材　第3学年B組「私たちの消費生活」

2　題材観

本題材では，新学習指導要領「C消費生活・環境」の学習を通して，中学生の身近な消費行動をふり返り，消費の重要性に気付き，消費者の基本的な権利と責任について理解を深めると共に，「物資・サービス」の適切な選択，購入および活用ができることをねらいとしている。

授業では，消費生活の学習の実践的・体験的な学習活動を行う。

3　生徒観

本学級の生徒は明るく素直である。何事にも一生懸命取り組み，多くの生徒は家庭分野の授業にも積極的に参加してきた。しかし，学習が困難な生徒がいて，落ち着かない状況がある。

4　指導観

購入する際に，自分にあった商品を選択し，購入できるような姿勢を養わせたい。そしてトラブルにあったときの対処方法も理解させ，賢い消費者を育成していきたい。また，インターネットを介した通信販売は売買契約であること，クレジットカードによる支払いは，三者間契約であることについても理解させる。

5　題材の目標 ---------→ p.38〜43を確認！

販売方法の特徴を知り，生活に必要な物資・サービスの適正な選択，購入および活用が出来るようにさせる。

6　題材の指導計画（7時間）-------→ p.38〜43を確認！

時間数	学習内容	評価の観点
1	商品の選択と購入	態度
1	契約	知識・技能 / 態度
1	販売方法	知識・技能 / 態度
1	支払い方法	知識・技能 / 態度
1（本時）	三者間契約・消費者トラブル	知識・技能 / 態度
1	消費者の権利と責任	知識・技能 / 思考・判断・表現 / 態度
1	消費生活と環境	知識・技能 / 思考・判断・表現 / 態度

Answer

題材で何を学んで何ができるようになるのか
を書くのが「題材観」

Try 指導要領の内容や教科書，教材を分析し，その題材で全員に，これだけは身に付けさせたい，ということを，他の教科の先生が読んでも分かる言葉で，具体的に書きましょう。

Answer

題材に対しての学力を，今，どのくらい生徒が
持っているのか書くのが「生徒観」

Answer

題材観と生徒観を踏まえてどのように学ぶかを
書くのが「指導観」

Try 題材観と指導観を受けて，どのような学習課題，教具，学習過程と授業形態を計画すればよいか，といった「どのように学ぶか」を具体的に決めて書きましょう。

check ☑ 学習指導案を何となく書いている先生へ
改善前と改善後を比較し，今後の指導案に生かしましょう。

改善例	左のページと比べ，どんな部分が改善されているのか，確認しましょう！

技術・家庭科（家庭分野）学習指導案

授業者　　教育　図書の助㊞

1　学年・題材　　第3学年 B 組「私たちの消費生活」
　　　　　　　　　（内容 C　消費生活・環境）

2　題材観※1◀- - - - - - - - - - - - - - - - - - -

　本題材では，中学生の身近な消費行動を振り返り，消費の重要性に気付き，消費者の基本的な権利と責任について理解を深めるとともに，「物資・サービス」の適切な選択，購入および活用，『消費者としての責任ある行動』ができることをねらいとしている。

　授業では，消費生活の学習に主体的に取り組み，その重要性を実践的・体験的な学習活動を通して，消費者の権利と責任について理解すること，また適切に商品を選択・購入ができ，消費者としての自覚を高め，主体的に生活を営む能力と態度を育て，中学卒業後の意志決定能力の育成を図ることを目指していく。

3　生徒観※1◀- - - - - - - - - - - - - - - - - - -

　生徒アンケートによると，家庭分野の学習を「好き」，「まあ好き」と答えた生徒が 90％であり，家庭分野に対する意欲・関心が高いと言える。消費生活・環境の学習について，小学校から学用品の選択・購入を行っており，中学校でも調理実習時の材料購入や布を用いた製作時の材料購入などの学習を行ってきている。

　消費生活アンケートでは，パスモなどを使用し，コンビニやスーパーで買い物を経験している生徒は，89％であった。

4　指導観※1◀- - - - - - - - - - - - - - - - - - -

　選択や購入について，身近な T シャツやズボンで，購入する際の好み，予算，購入目的，活用場面等を考えさせ，家庭生活と消費について課題を見つけさせる。更に品質，価格，機能，デザイン，サービス，購入方法等を考慮し，自分に合った商品を選択し，基礎的・基本的な技術を習得させる。

　その後に，インターネットトラブルや携帯電話トラブルの対処方法・三者間契約を理解させ，問題解決的な学習のトレーニングを繰り返し行い，よりよい生活の実現に向けて，賢い消費者を育成する。

5　題材の目標※2◀- - - - - - - - - - - - - - - - -

　家庭生活と消費に関する基礎的・基本的な知識・技術を習得し，身につけ，それらを使い，課題を見つけ，その解決を目指して工夫し，消費生活をよりよくしようとしている。

6　題材の指導計画（7時間）

時間数	学習内容	評価の観点
1	自分の買い物をふり返り，買い物の意思決定のプロセスを知る。	知識・技能 / 思考・判断・表現 / 主体的に学習に取り組む態度
1	契約と販売方法を知る。	知識・技能
1 (本時)	支払い方法や消費者トラブルについて知り，生活に生かす。	知識・技能 / 主体的に学習に取り組む態度
1	消費者の権利と責任について知る。	知識・技能
1	消費生活が社会に与える影響を知り，生活に生かすよう考える。	知識・技能 / 思考・判断・表現
2	情報を活用して責任ある商品の購入計画を立てる。	知識・技能 / 思考・判断・表現 / 主体的に学習に取り組む態度

ステップ

学習指導計画を立てよう

※確認ポイント1
題材観，生徒観，指導観の整合性が取られている。

この**題材**ではこんなことを学び，こういう力を身につけさせたい。

だけど，その力について，**生徒**の現状はこうだ。具体的な意識調査等活用して客観的な実態把握をする。

だから，こういう**指導**の工夫を行うことで，その課題を解決して，題材を展開していきたい。

※確認ポイント2
題材の目標が，指導要領が狙う目標に沿っている。

7　本時の目標

　　いろいろな支払い方法の特徴について理解させる。

8　本時の展開　5時間目／7時間扱いの題材

学習活動と内容	指導上の留意点	評価の場面
導入（10分） ○前時の振り返りを行う。 ○学習の進め方を教え，学習の見通しを持たせる	・何人か生徒に質問して，前回勉強したことを確認する。 ・本日の目標を確認する。	【態度】 ・消費生活について関心をもつ。
展開（30分） ○支払い方法の種類を知る。 ○班で話し合う。 ○三者間契約とは何かを知る。	・支払い方法の種類を理解させる。 ・支払い方法についての利点と問題点を班で話し合う。 ・多様化するキャッシュレス決済について確認する。	【知識・技能】 ・支払い方法の利点と問題点を理解している。 ・三者間契約について理解している。
まとめ（10分） ○今日学習したことを振り返る。 ○次回の学習内容の予告。	・消費行動をふり返り，自分がどんな支払い方法を利用したいかふり返る。 ・まとめをしっかり記入するよう指導する。	【態度】 ・実際の行動をふり返り，これからの生活に生かそうとしている。

ベテラン先生の
アドバイス

おかしなところを
もっと探そう！

　この指導案の違和感を感じたところが，Answerの説明以外にもありませんでしたか？

　その感覚は正しいものですので自信を持ってください。この指導案，他にもおかしいところがたくさんあるのです。その答えには，これまでのページや，この後のページを読むと，きっとわかることと思います。

Answer

本時の目標は，先生ができたことではなく，授業を通して成長した生徒の姿を記載。

Try　この授業を終えた時の成長した生徒の姿の記載にするため「～させる。」を「～する。」「～てできる。」と言った言葉で表現しましょう。

Answer

本時の展開は，目標の姿を育てるための学習課題等を記載。

Try　ここまでのページを参考に，目標の姿を育てるための，学習課題，学習活動，学習手順を計画して，記載しましょう。

Answer

学習評価には，その時間で見とることのできる観点だけを入れる。

Try　指導した結果，育った姿を，その授業中に見とることができる時に記載します。観点ごとにタイミングが違うことを理解しておきましょう。入れる場合は必ず評価方法も入れましょう。

改善例	左のページと比べ，どんな部分が改善されているのか，確認しましょう！

7　本時の目標※3

いろいろな支払い方法の特徴について理解する。

※確認ポイント3
本時の目標が，生徒の授業後の姿になっている。

8　本時の展開　3時間目／7時間扱いの題材

学習活動と内容	指導上の留意点	評価の場面
導入（10分） ○前時の振り返りを行う。 ○アンケート結果を見る。	・何人か生徒に質問し，前回の学習内容を共有する。 ・アンケート結果を見せながら，生徒の消費行動と絡め，多様な支払い方法があることを確認する。	※4　不要な評価項目が記載されていない。
展開1（10分） 1　学習課題の確認	・本日の目標を確認する。	
※5【目標】いろいろな支払い方法の特徴を知り，これからの消費生活に生かそう！		
2　支払い方法の種類を知る。 3　カード払いは三者間契約であることを確認する。	・前払い・即時払い・後払いの3種類を理解させる。 ・多様化するキャッシュレス決済についてふれる。 ・三者間契約について理解させる。	【知識・技能】 〈定期テスト〉 ・支払い方法の種類を理解している。 ・三者間契約を理解している。
展開2（20分） 4　班で支払い方法による利点と問題点を話し合う。	・班にして，学び合いができるよう配慮する。 ※6 　特にキャッシュレス決済について教科書を参考にさせたり，模型のカードを各班に用意したりしておく。 　机間支援の中では，教科書を使いながら助言する。	【知識・技能】 〈定期テスト〉 ・支払いによる利点・問題点を理解している。
5　班ごとに発表する 6　DVDを視聴する	・カードの使いすぎによる多重債務の例を見せ，経済観念，管理する能力の大切さを考えさせる。 ・賢い消費者になるために自分の支払能力の中で買い物をすることを意識させる。	
まとめ（10分） ○今日理解したことや生活に生かそうと思ったことをふり返る。 ○次の学習内容を知る。	・自分の消費行動・家族の消費行動をふり返り，どんな支払い方法を利用したらよいのか生徒一人ひとりにワークシートにまとめさせる。 ・次回，消費者の権利と責任について学習し，さらによりよい消費行動につなげていくことを伝える。	【主体的に学習に取り組む態度】 〈ワークシート〉 ・実際の消費行動をふり返り，これからの生活に生かそうとしている。

※確認ポイント4
授業で必要のない評価場面が表記されていない。

※確認ポイント5
授業における学習課題をわかりやすく示してある。

※確認ポイント6
授業での支援の方法が書かれている。

ステップ　学習指導計画を立てよう

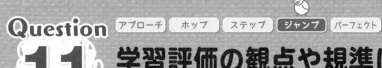
Question 11 学習評価の観点や規準は，どうしたらいい？みんなどう評価しているの？

check ☑ 自分の学習評価について，チェックをしてみましょう。

check ❶ 家庭分野での学習評価を把握していますか？

生徒にどんな学力をつけたらいいのかな…。

Answer 1 / 悩みの 相談室

check ❷ 観点別評価の方法は，どのようにしますか？

ペーパーテストがよければ A をつけていいのかな？

見栄えよく作品ができていれば A をつけていいのかな？

Answer 2

check ❸ 学習評価について説明できますか？

家庭分野の評価について，説明したいと思います。

Answer 3

Answer

1 家庭分野で育てる資質・能力を3つの観点から評価しましょう。

| Try 1 | 家庭分野での資質・能力の三つの柱が育つように学習評価をすることにトライ！ |

　資質・能力の三つの柱である「知識及び技能」，「思考力・判断力・表現力等」，「学びに向かう力，人間性等」を意識し，家庭分野の学習指導要領をもとに，p.54のような評価規準を作成して評価しましょう。

Answer

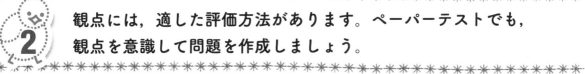

2 観点には，適した評価方法があります。ペーパーテストでも，観点を意識して問題を作成しましょう。

| Try 2 | 観点ごとに適した学習評価方法があります。観点に合わせた方法で評価しましょう。 |

【知識・技能】の問題例
①授業でスナップをつけた際，（　）本取りで行った。1つの穴に（　）回糸を通し，丈夫にした。

【思考・判断・表現】の問題例
②右図のシャツをどのように補修しますか？
補修場所に○をつけ，その具体的な方法を記入しなさい。また，その縫い方にした理由を具体的に記入しなさい。

評価方法	評価の観点（タイミング）			
	知識 (短期/習得後)	技能	思考・判断・表現（中期）	態度（長期）
ペーパーテスト	○	△	○	
観察	△	○	△	△*
実技テスト		○		
作品	△	○	△	
ワークシートの記述	○	△	○	○

＊△は実態として行われているが，方法が難しいもの，精度が確かでないもの。

Answer

3 妥当性，信頼性のある学習評価をしましょう。

| Try 3 | 「設定した学習目標をはかっている（妥当性）」「その評価は誰がはかっても同じ結果になる（信頼性）」にかなう評価にトライ！ |

　学習評価は，生徒の学習改善や教師の指導改善，地域や保護者への学習状況の説明などのために行うのが一般的です。

　保護者に説明を求められてもきちんと答えられるように，p.54のような評価規準を作成しましょう。

| 自分の学力の程度は？改善することは？ | 授業はうまいか？改善する授業方法は？ | 家の子の学力は？改善させることは？ |

①2，3　②方法…一筆から仕上げとして，より縫いやすくする。理由…一筆から一番目立たない位置に縫い付けられるため。

ジャンプ　自信を持った評価をしよう

悩みの相談室 学習評価についてもっと知りたいのですが…。

　家庭分野における観点別学習評価について，学習指導要領やその解説をもとに整理した表です。必要に応じて学校や生徒の実態・地域性に応じた評価を行うようにしましょう。

観点	知識・技能		思考・判断・表現	主体的に学習に取り組む態度
評価規準	〜を（〜について）理解している 家族や家庭，衣食住，消費や環境についての基礎的・基本的な学習内容を理解している。等	〜を（〜について）理解しているとともに，適切にできる 健康・快適な生活を送るために衣食住の基本的な計画を立てることができる。生活に役立つ布を用いた製作ができる。安全・衛生に配慮した調理ができる。等	〜について問題を見いだして課題を設定し，解決策を構想し，実践を評価・改善し，考察したことを論理的に表現するなどして課題を解決する力を身に付けている。 日常生活の中から問題を見いだして課題を設定し，様々な解決方法を考え，実践を評価・改善し，考えたことを表現するなどして課題を解決する力を身に付けている。	よりよい生活の実現に向けて，〜について，課題の解決に主体的に取り組んだり，振り返って改善したりして，生活を工夫し，実践しようとしている。 　進んで家庭分野の内容と関わり，主体的にその内容を理解し，知識・技能を身につけようとしている。 　自らの問題解決を振り返り，よりよいものとなるよう改善・修正しようとしている。
何を読み取るか	（教員が教えたこと，教科書に書いてあること等を）理解しているか。記憶している。	（教員が教えた通り，教科書に書いてある通り）計画・製作や作業・実習できる。	習得した知識及び技能を活用し，生活の中の問題から課題を設定し，自力で解決しようと考えている。問題解決の工夫をしている。等	進んで家庭分野の内容に関わっている。生活の中の問題を発見し，その課題解決の工夫を生活の中で生かそうとしている。等
評価の時期	内容を教え終えたときに，知識の習得状況を確認する。	計画や調理実習，布を用いた製作を行っているときに技能の習得状況を確認する。	知識及び技能の習得や問題解決の練習のあとに，課題を用意して確認する。	長期にわたって育てた健康・安全・快適を視点とした生活に生きる態度を，題材前後で比較して，確認する。
方法・その他	・授業中の用語の穴埋めテスト ・定期テスト ・理解確認のレポート他	・実技テスト ・作品のできばえ他	・定期テスト（授業で扱った内容は知識・技能となるので，新しい課題を用意する） ・ワークシート・パフォーマンス課題 他	・ワークシートによる学習前と後の質（と量）の変容 ・学習のまとめレポート ・パフォーマンス課題 ・振り返りシートの文書表現他

ベテラン先生の
アドバイス

技能の評価をしてみよう！

ジャンプ　自信を持った評価をしよう

Q1 調理実習での評価で悩んでいます。調理実習をしている中で，一人ひとりをみることはできません。なんとなく技能の評価をしています。どうしたらよいでしょう？

Ans 最初に B の規準を考えます。

①どのようになれば「B」であるか決めておきます。

⇒主菜とつけ合わせの分量・調理の出来が計画通りである。【B】

②十分満足できる追加ポイントを決めておきます。

⇒主菜とつけあわせの出来，栄養バランス・色合い・盛りつけ方が美しい。【A】

⇒主菜とつけ合わせの分量が悪い・調理の出来が計画通りでない。【C】

個人調理なら，盛りつけ時の写真を撮っておきましょう！あとで，確認ができますよ！

Q2 生活を豊かにするための布を用いた製作で「衣服の再利用」を行いました。一人ひとりが製作するものが違い，複数製作していると，見た目での評価になってしまいます。どんな評価のしかたがよいでしょうか？

Ans

生徒に製作条件や評価規準をしっかり伝えておくことが大事です。

○　まつり縫いとスナップつけの具体的な評価規準を示す。

○　なみ縫いや返し縫いは一針 3 mm 以下である。

○　縫い始めと縫い終わりは，返し縫いをする。
　　など

まつり縫い規準
A
B
C

【A】　製作物全てにおいて，基礎縫いの技能が生かされ，目的と生地にあった丈夫な縫い方が適切にできる。

【B】　基礎縫いの技能が生かされ，縫い方が適切にできる。

【C】　縫い方が適切でない。

Question 12 家庭分野の「思考・判断・表現」の学習評価は，どうしたらいい？

check ✓ 「思考・判断・表現」の評価について，次の事例を参考にしてチェックしてみましょう。

---

check ❶ □

ミシンなどの道具の使い方を自分なりに考えて試したときの評価は？

ミシンの使い方を工夫できたので A 評価？

Answer 1

---

check ❷ □

「思考・判断・表現」の評価は，実習が時間内に終わり，きれいな作品であればいい？

時間通りに完成した上，まあまあの出来なので A 評価かな。

Answer 2

---

check ❸ □

グループでの話し合いや学び合いで，協力して話ができているときの「思考・判断・表現」の評価は？

あの子はよく発言してグループをまとめているので A 評価？

Answer 3

---

check ❹ □

作品にきれいなアップリケやかわいい刺繍などがされているときの「思考・判断・表現」の評価は？

かわいいアップリケを付けていたな。A 評価にしようかしら？

Answer 4

Answer

1 ミシンなどの道具の使い方は「知識・技能」の観点で評価しましょう。

Try 1 衣の製作の計画や調理の計画に対して,「思考・判断・表現」の評価をするようにトライ！

　道具の使い方は,「思考・判断・表現」の観点では評価しません。道具の使い方や工程を知っているか,作業ができたか等については,「知識・技能」として評価しましょう。

　家庭分野における「思考・判断・表現」の学習評価の考え方は,下の図のような構造になっていると考えます。

条件を考えたバッグをつくりましょう。

授業で学習した「知識」や,体験・経験から得た「知識・技能」

学習課題
（例）調理実習の計画,生活に役立つものの布の製作の計画等

考えている！ とみなす

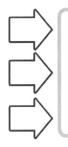

「思考・判断・表現」
Aさんの解決
Bさんの解決
Cさんの解決

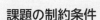
課題の制約条件
（例）使用する材料,費用,実習時間,調理用具等

　「思考・判断・表現」の学習評価の際は,作品やワークシートなどから,①学習課題を満たすか,②授業で学習した「知識」や,体験・経験から得た「知識・技能」を用いて考えられたものか,③課題の制約条件を満たすかなどを見取って判断します。

　①〜③のことが満たされていたとき,家庭分野ならではの「思考・判断・表現」を使って考えた結果とみなすことができるのです。

Answer

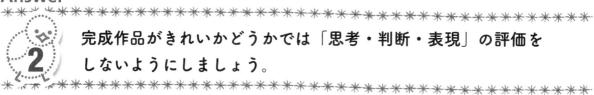

2 完成作品がきれいかどうかでは「思考・判断・表現」の評価をしないようにしましょう。

| Try 2 | 布を用いた製作での「思考・判断・表現」の評価は，条件から最適な計画を立て，課題を解決したかを見取り，評価することにトライ！ |

布を用いた製作の例【幼児の遊び道具の製作】

計画は，様々な条件を考慮した上で，最適な方法で解決しているかを評価します。

そのため，計画を立てる前に生徒が守るべき条件を提示する必要があります。製作後，条件をきちんと満たしたものになっているかを評価しましょう。

例えば，右のように，製作前にイラストをかかせ，製作後に自分の計画した遊び道具が条件を満たしているかをチェックできるようなワークシートを作成し，評価する方法などが考えられます。

【チェック項目の例】

◀イラスト例

▼完成作品例

□材料は布・スナップボタンを使用する。
□まつり縫いを使う。
□4時間で製作する。
□幼児が遊んでも壊れないよう丈夫に縫う。
□安全である。

チェック項目が満たされているか確認します。

Answer

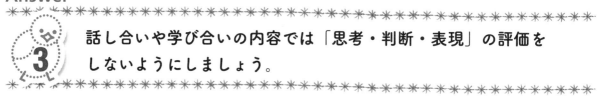

3 話し合いや学び合いの内容では「思考・判断・表現」の評価をしないようにしましょう。

| Try 3 | ワークシートを活用し，「思考・判断・表現」の評価にトライ！ |

【ワークシート例】 ②のように理由を書かせる欄を設けて，評価しましょう。

地震時に自分の家で考えられる危険（場所と理由）とその対処方法をまとめてみよう。
①グループで考えましょう
　話し合った結果を書きましょう
②個人で考えましょう
　（場所）
　（理由）◀
　（その対処方法）

①では学習評価をしません。

A	話し合った結果をもとに，学習経験を生かして自分なりの解釈をしている。
B	話し合った結果を理由・対処方法にしている。
C	理由・対処方法が適切でない。

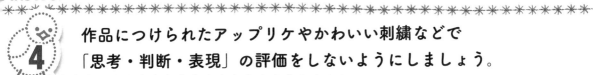

Answer

4 作品につけられたアップリケやかわいい刺繍などで「思考・判断・表現」の評価をしないようにしましょう。

Try 4 より生活を豊かにすることを考えて工夫しているかで，「思考・判断・表現」を評価することにトライ！

布を用いた製作では，アップリケや刺繍の善し悪しで「思考・判断・表現」を評価することはしません。

「丈夫にするための縫い方を選んでいる」「使用場所や状況を考えて材料を選んでいる」「授業で選択できる内容を考え，より生活が豊かになるように考え製作している」などの工夫を評価しましょう。

ジャンプ

自信を持った評価をしよう

 ベテラン先生の **アドバイス**

ワークシートを工夫して，「思考・判断・表現」をうまく評価しよう！

1 計画表を工夫して評価しやすく

授業のねらいに沿った項目を評価できるよう，記載欄を工夫します。

誰のために	
その人を選んだ理由	
使用目的（どんな悩み・困りを解消するために）	

図案（形・大きさ・機能などを詳しく記入）

目的は明確か，条件（使用条件）は明確か，手順は明確か，またそれはどのような理由か，適切な材料や方法を選択しているか，またそれはなぜ選んだか，授業での実習条件（使用できる道具や時間）に合っているか，などを読み取りやすいような作文形式の記述欄にしている。

2 理由や原因，違いの説明で評価しやすく

高齢者・幼児の身体や行動の特徴をふまえ，住まいの安全対策について考えて，具体的に書こう。

配慮が必要な場所	現状	安全対策

学習した知識や技能を使い，なぜそう考えたかという理由や，起きた原因を説明する記入欄をワークシートに設け，記載事項から，学習したことや経験をもとに考えているか，条件を満たしているか，等を読み取る。

3 次の問題解決に生かす How to で評価しやすく

『しょうが焼き名人の道』をふり返ろう

チェック項目	ポイント	○△×
① 調味料をきちんと計量しているか	計量スプーンの使い方	
② 衛生面は守れたか	肉は菜箸を使う素手では触らない	
③ 漬け汁に肉を漬ける時間は適切か	５分〜10分以内	
④ 焼き始めの温度は適温であったか	肉を置いたときジュッと音がする	
⑤ 肉は全体的に焼けたか	表と裏にきつね色の焼き色がつく	
⑥ 盛りつけはどうか	バランス	
⑦ 食器・用具をきれいに片付けたか	手ざわりすべべ	

○調理をして，楽しかったこと

○この経験を家で生きる体験にしよう
　肉をおいしく焼くために，工夫したことを書こう

　あなたは，家で肉料理を作るとき，何に気を付けますか？その理由は？

計画や製作・実習を振り返らせ，「次に」どうしたらよいかを説明させます。その記載事項から，学習したことや経験をもとにしているか，家庭分野の概念や，社会や環境への影響を考慮しているか等を読み取る。

Question 13 「主体的に学習に取り組む態度」の学習評価は，どうしたらいい？

check ☑ 自分が行っている「主体的に学習に取り組む態度」の学習評価について，チェックしましょう。次の評価は正しいでしょうか。

check❶ ☐
授業態度を考慮して主体的に学習に取り組む態度を評価する。

ちゃんと聞いてる？

Answer 1

check❷ ☐
授業中の発言や意欲を評価に反映させる。

答えがとんちんかんだけど，よく発言するのよね。

Answer 1

主体的に学習に取り組む態度の評価

check❸ ☐
生徒自身の授業準備の姿勢を評価に加味する。

また忘れ物をしたの？

Answer 1

check❹ ☐
提出物で，生徒の主体的な学習に取り組む態度を評価する。

よく書けているのだけれど，期日内にもらえたらAだったのに。

Answer 1

Answer

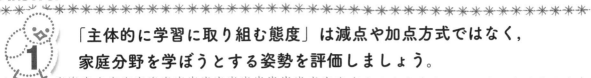

「主体的に学習に取り組む態度」は減点や加点方式ではなく，
家庭分野を学ぼうとする姿勢を評価しましょう。

Try 1　「主体的に学習に取り組む態度」は，題材で扱う「学習対象」に対する生徒の関心を，授業の中で少しずつ育てます。題材の前後でワークシートに記入させ，比較して評価することにトライ！

　家庭分野で育てる「主体的に学習に取り組む態度」は，家庭分野の知識及び技能の獲得や思考・判断・表現等を身につけることに粘り強く取り組もうとする態度と，その取り組みを行う中で，自らの学習を調整しようとする態度のことをいいます。

　学習評価をしなければならないのは，その「態度」ですから，左ページの4つの評価方法は，どれも適切ではない方法ということになります。

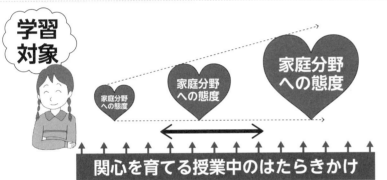

評価規準の姿に育ったか
- ○量
- ○質
- ○情意

の変容などで評価

関心を育てる授業中のはたらきかけ
学習対象に対する気持ちを醸成する

○題材のはじめと終わりに同じ質問を行い，変容をみとる

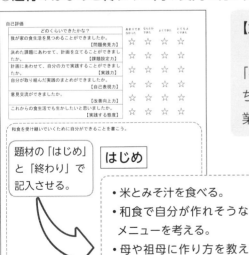

【主体的に学習に取り組む態度】の変容

　「授業態度が悪いこと」や「発言を人前でしないこと」「提出物を出さないこと」は，家庭分野へ向かう気持ちがないのではなく，生徒指導上の問題や，教師の授業力のなさにも原因があるのかもしれません。

題材の「はじめ」と「終わり」で記入させる。

はじめ
- ・米とみそ汁を食べる。
- ・和食で自分が作れそうなメニューを考える。
- ・母や祖母に作り方を教えてもらう。

変容を比較する

終わり
『食生活を考えよう』で，私は「季節を大事にする」ところや「だしの使い方」など，和食ならではのいいところがたくさんあることがわかった。また，和食を食べることが健康の秘けつだと思った。私たちが親になったときに，子どもに和食を食べさせたいので，今から少しずつでも和食作りをしていきたい。

相談室　学習評価計画はどう立てたらいい？

1　評価規準と判定基準の設定

①達成すべき学習目標や見取るべき評価内容を，観点別に文章で書き表します。これを「評価規準」といいます。

②次に，この評価規準を満たしているか判定する「判定基準」を決定します。この判定基準がABCの評価にあたります。

③判定基準は，評価規準に対しておおむね満足な状況「B」，十分満足な状況「A」，満たしていない状況「C」と設定します。

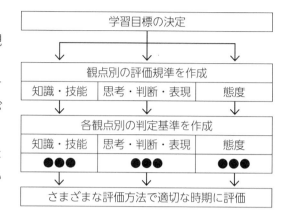

2　題材計画に合わせた評価場面と評価資料の決定

　観点別評価は，学習評価の記録をもとに，題材ごとに総括し，評価を出すことが好ましいとされています。

　そこで，題材のどの学習場面で，各観点の達成された姿を見取ることができるかという評価場面と，その評価はどのような資料から判定することができるかという評価資料を決定し，題材計画の中に設定します。

　前述した通り，観点ごとに評価に適した場面が違います。例えば，「知識・技能」は，頻繁に評価場面を設けることができますが，「思考・判断・表現」は，生活に生かす必要な知識及び技能を習得させた後に評価場面を設定，「主体的に学習に取り組む態度」は題材の最後に評価場面を設定する，などが考えられます。

【評価計画の例】

評価項目	①地域食材	②郷土料理	③行事食	④雑煮作りの計画	⑤雑煮作り	⑥レポートにまとめる	⑦意見交流から課題を解決する	⑧今後に生かそうとする態度	総合評価
知識・技能	A	B	B						B
思考・判断・表現				B		A	A		A
態度								A	A

3　もっとよい評価計画の作成を目指して

　評価をもっと計画的に行うために，次のように，使用するワークシートと一体化した評価計画を立てる例もあります。このような評価計画であれば，生徒や保護者への説明も説得力が出てきます。

題材名：食生活を考えよう　～和食を受け継いでいくために自分ができること～

評価規準の例

知識・技能	思考・判断・表現	主体的に学習に取り組む態度
・地域の食文化について理解しているとともに，地域の食材を用いた和食の調理が適切にできる。 ・地域食材，季節食材のよさを理解している。 ・和食調理が適切にできる。 　・だしの取り方 　・季節の食材 　・煮物または汁物	これからの食生活を展望し，地域や季節の食材，地域の伝統的な行事食や郷土料理について調べている。自分の和食調理についての問題を見いだして，課題を設定し，解決策を構想し，実践を評価・改善し，考察したことを論理的に表現し，友達同士の交流から解決方法を考え，実践を評価したり改善したりして，課題を解決する力を身に付けている。	家族や地域の人々と協働し，よりよい生活の実現に向けて，和食文化について，課題の解決に主体的に取り組んだり，振り返って改善したりして，生活を工夫し創造し，実践しようとしている。

指導計画及び評価計画の例（4時間扱い）

時間	○ねらい・学習活動	学習内容	◇評価規準〈　　〉評価方法 知識・技能	思考・判断・表現	主体的に学習に取り組む態度
1	○地域で生産される食材を知り，地域の食文化を理解する。 ・地域の食材と郷土料理について考える。	地域の食材と郷土料理	◇地域の食材やそれを使用した郷土料理について理解している。〈ワークシート〉〈ペーパーテスト〉 ワークシート		◇地域で生産されているものや食文化について主体的に取り組んでいる。〈観察〉〈ワークシート〉 ワークシート
2	○日本の行事食や和食のよさに関心をもち，自分の生活において食文化の大切さについて理解する。・日本の食文化の大切さについて考える。	日本の行事食と食文化の大切さ	◇行事食や和食・食文化の大切さを理解している。・だしの取り方・季節の食材・汁物〈ワークシート〉〈ペーパーテスト〉 ワークシート		
3	○自分が作りたい雑煮作りの計画を通して，和食を受け継いでいくために自分ができることを挙げる。・和食を受け継いでいくために自分ができることを考える。	雑煮作りの計画と和食を受け継ぐ大切さ		◇自分が調べた雑煮について問題を見付け，課題を設定し評価・改善をしながらその解決を目指して雑煮作りの計画を工夫している。〈ワークシート〉 ワークシート	◇自分が調べてきた雑煮について良いところや，よくしたいところの解決に主体的に取り組んでいる。〈観察〉
冬休み	○自分なりの工夫をして，課題解決のための計画を立て，実践することができる。・計画にそって実践し，成果をまとめる。	実践とレポート作成	冬休み中の実践のため，雑煮作りについては評価には入れない		
4	○取り組んだことや実践した成果を意見交流し，日々の食生活につなげる。	意見交流とこれからの食生活		◇これからの自分や家族の食生活を展望し，課題について解決策を構想し，実践について友達同士の交流から解決方法を考え，課題を解決する力を身に付けている。〈観察〉〈レポート〉 ワークシート	◇家族と協働し，よりよい食生活の実現に向けて，課題の解決に主体的に取り組んだりふり返って改善して，生活を工夫し創造し実践しようとしている。〈ワークシート〉 ワークシート

ジャンプ　自信を持った評価をしよう

問題解決的な学習を進めるには，どうしたらいい？

check ☑ 生徒が自力で課題解決できるような支援を考えましょう。

---

check ❶
生徒が失敗した時は，実態に応じた解決を支援していますか？

そこの縫い方は
こうしないとだめ！

Answer
1

---

check ❷
生徒が考える時間をつくっていますか？

今の質問の答えは
○。わかったね。

Answer
2

---

check ❸
生徒の考えを引き出すアドバイスをしていますか？

次はこう縫うのよ！

Answer
3

---

check ❹
生徒の個性が出る教材を準備していますか？

みんなこれと同じ形
につくるのよ。

Answer
4

Answer

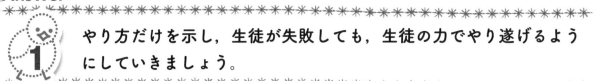

1 やり方だけを示し，生徒が失敗しても，生徒の力でやり遂げるようにしていきましょう。

Try 1 やり方を示す資料を準備したり，失敗した場合の問題解決的な学習につながる声かけをしたりすることにトライ！

①間違えやすく，つまずきやすいポイントを映像や実物，自作教材等で掲示しましょう。

【例】マスク製作（一部抜粋）

① 布の表裏の指示

② 返し口の縫い始めの玉どめの位置

③ ゴム通しで，結び目を隠す指示

②禁止の指示をするばかりでなく，理由を考えさせてから作業させるようにしましょう。

△

まち針には布を止める方向と順番があるから，止めるとき，向きや順番を間違えないようにしよう。説明書の図にある通りにしよう。

まっすぐ打てない。

○

①まち針には止める方向があることを，教科書で確かめよう。

②布と布を止めるときの順番の必要性をワークシートで考えよう。

③止める方向と順番に気をつけ，布と布を合わせよう。

③キット教材を事前に試作して，支援のポイントをつかんでおきましょう。

△

失敗したの？しょうがないな，直してあげるから少し待って。

問題解決的な学習へ

○

うまくいかなかった？ここがポイントだからよく考えてやり直してみましょう。

パーフェクト　一歩前進を目指そう

Answer

2 生徒の学びに対し，教師は「待つ」ことを心がけましょう。

| Try 2 | 生徒が自分の力でやり遂げるよう「待つ」ことにトライ！ |

「待つ」ために，次のことを心がけましょう。

- ●自分で考えるよう，生徒に任せる。
- ●『発問→間をおく（間の長さがポイント）→
  →別の視点でヒントの発問』を繰り返す。
- ●教師の言葉の間合いを工夫すると，生徒同士の相談活動が自
  然に生まれ，指導時間の短縮が望める。

教師のしゃべりすぎは，生徒の思考を妨げます。話す言葉は，
必要最小限にしましょう。

そう，その通りよ。

先生，わかりました！

Answer

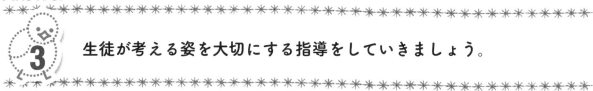

3 生徒が考える姿を大切にする指導をしていきましょう。

| Try 3 | 学習支援に役立つように，板書内容，掲示内容の向上にトライ！ |

作業の流れがわかるように掲示することは，主体的に取り組める要素の一つとなります。

教師が持つ，教えることへの価値観やおばあちゃんの知恵袋的な説明から抜け，生徒が教科書やワークシートなどで確認しながら調べていくようにしましょう。

▲料理ごとの作業の流れを示した板書例

Answer

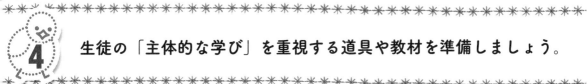

4 生徒の「主体的な学び」を重視する道具や教材を準備しましょう。

Try 4 家庭科室や準備室を,「主体的な学び」ができる環境づくりにトライ!

計画や製作に参考になる参考書を家庭科室に常備しましょう。 	計画の参考になる作品見本と特徴を示した教材を準備しましょう。 
全員が使用する道具は班ごとのトレイや棚へ,目的に応じて選択するものは,用途別に整理して教卓などに準備しましょう。 	キット教材の完成見本から,自分のつくりたいものを選ばせても,問題解決的な学習につながります。 
ミシンやアイロンには,一斉指導で簡単に説明し,使用する際もう一度確認するために使い方を明示しましょう。 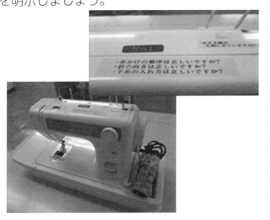	予備題材(技能練習)を製作させてから,自由製作ができる題材を位置付けると,かえって指導がスムーズです。 自由製作のみ1題材→指導時間10 本題材 ブックカバー 10時間 予備題材+自由製作の2題材→指導時間10 予備題材 マスク 4時間 + 本題材 防災バッグ 6時間 つくるときの難しいところや作業の見通しが持てるため,生徒が自ら考え,計画・製作を進めるようになります。

Question

15 備品，消耗品の管理，安全点検は，どうしたらいい？

check ☑ 作業での安全が守られているか，実習に必要なものが準備されているかチェックしましょう。

check❶ 安全やけがへの対応はしていますか？

①調理実習時の安全チェック

- □刃物類の持ち運び方は？
- □刃物類を使っているときの注意点は？
- □ガス栓の開閉の確認は？
- □ガス漏れ警報機※1の点検は？
- □冷蔵庫等のアース線※2は？
- □コンロまわりに燃えやすいものを置いていないか？
- □コンロを使うときの換気は？
- □電気コードを抜くときは？
- □衛生面を守る掲示は？
- □やけどや切り傷の対応は？
- □刃物類の点検表は？

②被服実習時の安全チェック

- □ミシン・アイロンの使い方の掲示は？
- □電気コードを抜くときは？
- □洗濯機等のアース線は？
- □刃物類の持ち運び方は？
- □刃物類を使う人がいるときの注意点は？
- □針の使用前と使用後の本数の確認は？
- □折れた針の廃棄は？
- □やけど・刺し傷等のときの対応は？
- □刃物類の点検表は？

※2　アース線
アース線は，感電を防いだり，落雷などによる高電圧から電化製品を守ったりする役割があります。コンセントに端子がついていれば接続できます。わからない場合は，管理職や技術分野の教師に相談しましょう。

※1　ガス漏れ警報機
調理室のどこにあるか，動作状況（警報音かランプ）を必ず把握しておきましょう。

Answer 1

check❷ 消耗品や備品は，必要なときに使えるように管理していますか？

①調理室の管理チェック

- □調味料　□洗剤・スポンジ・ネット
- □食器ふきん・台ふきん　□まな板
- □皿・用具・道具　□刃物類・管理庫

②被服室の管理チェック

- □ミシン・アイロン　□アイロン台
- □ミシン針　□ボビン　□手縫い針
- □ミシン糸・手縫い糸・しつけ糸
- □刃物類・管理庫

Answer 2

Answer

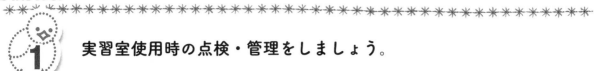

1 実習室使用時の点検・管理をしましょう。

Try 1 実習前後の安全チェックにトライ！

　安全・衛生に関する決まりとして，生徒自身に実習室の片付けのふり返りをさせることが大事です。次のような点検表や補助簿を使って，点検・管理をしてみましょう。

【安全点検表の例】
①生徒用　調理実習点検表

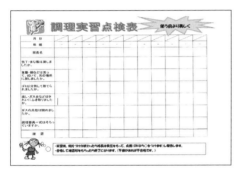

食器はきちんと拭いて食器棚にしまったか，ガスの元栓を閉めたかなど，生徒自身に評価をさせるとよいでしょう。

②教師用　家庭分野以外での被服室使用簿

特別活動で使用する場合や，総合的な学習の時間・部活動・ＰＴＡ活動等で使用する場合など，使用者の責任で片付けまでしていただきましょう。

③学校の管理用

	年度　調理室　刃物類定期点検補助簿	
刃物類の名称	包丁	保管位置
保管室名	調理室	
補助簿作成年月日	年　月　日	

番号	定期点検を実施した日		
	4月26日（金）点検者〔　　〕	9月3日（火）点検者〔　　〕	1月17日（金）点検者〔　　〕
	状態／備考	状態／備考	状態／備考
1			

学校として安全確認をするための『刃物類定期点検補助簿』等もあります。だれでも気持ちよく家庭科室が使用できるよう，安全・衛生に気を付けた家庭科室経営をしましょう。

Answer

2 備品・消耗品の管理をしましょう。

Try 2 | 備品や消耗品を計画的に購入することにトライ！

　市区町村によって，備品と消耗品で設定される金額に違いがあります。設定額を確認し，購入計画を立ててみましょう。

　教育課程上，授業で必要な備品や消耗品は，管理職と相談して計画的に購入しましょう。

　備品とは，ミシンや洗濯機，冷蔵庫や包丁管理庫など高額なもので，学校全体で優先順位をつけて購入します。消耗品とは，皿，なべ，フライパンなどの比較的安価なものです。授業に支障をきたさないよう，早めに相談・準備しておきましょう。

ベテラン先生の **アドバイス**

消耗品や備品の管理をしよう！

①調理関係で注意したいこと

○調味料類は，必ず賞味期限を点検し，賞味期限切れは破棄をして授業では使わないように気をつけましょう。

○班ごとに配布できるように容器を用意する場合は，その容器にも賞味期限のラベルを貼っておくと事故防止につながります。（参考：写真左）

▲ラベルを貼って管理

▲調味料は冷蔵庫で管理すると味が落ちず，長持ちする。

▲食器用洗剤は，スポンジと一緒に班ごとにすぐ持ち出せるようにしておくと便利。

②被服関係で注意したいこと

○ミシンは，定期的にカマの掃除などのメンテナンスをしましょう。それでもミシンの調子が悪い
ときは点検を頼みます。点検はメーカーによって，10年以内なら無料だったり，使用年数に関
係なく有料だったりします。その点検費用は学校の予算から出すことになります。管理職と相談
をして何台までなら点検が可能か計画を立てましょう。また，ときには備品で新規購入してもらっ
た方が安くつく場合もあります。1年に何台購入できるか相談して，長期的な購入計画を立てる
など，生徒の活動を考えて取り組みましょう。

○備品として購入しておくと便利

▲包丁管理庫

○消耗品として準備しておくと便利

▲主に共有で使うもの（ミシン針は14号以上がおすすめです）

ベテラン先生の
アドバイス

生徒がけがをしたときには慌てずに！

　若い頃，生徒の出血にあわててしまい，生徒をかえって不安にさせてしまいました。家庭分野の
けがで多いのは切り傷です。傷口ややけどを見て，軽い程度なら，止血する方法（流水で傷口をき
れいにし，軽く拭き取り，傷口を押さえて，心臓より上にする）を説明すれば，生徒は安心します。
　生徒の中には，出血で動揺してしまう場合もあります。まずは，教師があわてずに対応すること
が大切です。包丁やミシン，裁ちばさみ，針作業の説明の際に，生徒たちに，過去に起こったけが
の事例を話しておくことも，安全に役立ちます。

▲応急処置セットの例
調理室にも被服室にも，最低でも
ばんそうこうは常備しておきましょう。

支援の必要な生徒への対応は，どうしたらいい？

アプローチ　ホップ　ステップ　ジャンプ　パーフェクト

check ✓ 支援の必要な生徒に対して，どのように接し，支援していますか。1～4の項目をチェックして，指導にトライしましょう。

check ❶ ☐
食物アレルギーへの対応はしていますか？

つくった料理をどうして食べないの？

Answer 1

check ❷ ☐
落ち着きに欠ける生徒への対応をしていますか？

○○君，○○君，何をしてるの？

Answer 2

check ❸ ☐
なかなか理解ができず，授業に取り組むことが困難な生徒への対応をしていますか？

この作業の次はこの作業，次は…。

Answer 3

check ❹ ☐
車いすの生徒やけがで体が不自由な生徒に対して，関係者と連携しながら対応できていますか？

座ったままの作業でいいよ。

Answer 4

Answer

調理実習をする前に必ず食物アレルギーの生徒がいるか確認し，
具体的な対応策を考えておきましょう。

Try 1 食物アレルギーの生徒の把握と，担任，養護教諭，栄養教諭（栄養士）との連携を
密にし，調理実習することにトライ！

【対処法の例】

・調理実習におけるアレルギー対応のマニュアルをつくり，関係職員と情報共有しましょう。

・本人と保護者に，事前に確認しましょう。

・調理実習中は，

→同じ班の中にアレルゲンを使用する生徒がいないように班編成する。

→試食は原則なしとする。必要があれば，下記のような文書確認を保護者と必ず行う。

→食器や調理器具の確認をする。

（家では調理器具を分けているのか。分ける必要があれば持参させる。）

→調理中にアレルゲンが混入しないように補助の職員が1名つくことも対応策の一つ。

パーフェクト　一歩前進を目指そう

【保護者との連絡の文案】

令和元年○月○日

1年○組　　　　　　　　さん
　　　　保護者　様
　　　　　　　　　　　　　家庭分野担当　○○○○

調理実習について

日頃よりアレルギー対応についてご家庭でもご協力をいただきありがとうございます。
さて，下記の通り家庭分野の授業において，調理実習を予定しております。
調理実習では，班の中でお互いに試食をし，アドバイスをしあい，「主体的に取り組む態度」の育成に
繋げています。○○さんが使用する食材について，飲食可能かどうかご確認ください。
また，卵や乳を使用する生徒もおります。学校でも誤食のないように指導を行いますが，ご家庭でも確
認と指導をお願いいたします。

記

1　実習日　　　○月○日（　曜日）

2　食べられるものには「○」を，食べられないものには「×」をつけてください。

班員が使用する食材	○	×	班員が使用する食材	○	×
さば			鮭（切り身）		
砂糖・料理酒・味噌・塩			塩・コショウ・小麦粉・油		
しょうが・長ネギ			じゃがいも・ミニトマト		
きゅうり・カットわかめ			レモン・パセリ		
酢			よつ葉バター		

3　調理実習での確認事項
① 実習中は，他の班の所へは行かない。
② 試食をしてよいのは，自分の班のみです。他の班のものは食べてはいけません。
③ 使用した食器や調理用具は，使用した人が各自で片付ける。

上記の内容について，ご家庭でお子さんと一緒に確認をしていただきましたら，署名と押印をお願い
いたします。

保護者名 ＿＿＿＿＿＿＿＿＿＿＿＿㊞

この件に関して，不明な点がありましたら，学校までお問い合わせください。

以上

【食物アレルギーへの調理実習計画書例】

アレルギーの生徒がいるときには，この
ような「食物アレルギー対応者含調理実習
計画書」をつくって関係者で確認すると，
事故を防ぎやすくなります。

食物アレルギー対応者含調理実習計画書

校長	教頭	養護教諭	栄養教諭	家庭科主任

学年・組・部活動名等	年　　　　組 　　　　　　部
指導者	
実施日時	令和　　　年　　　月　　　日（　　曜日） 　　　　　　校時
教育課程上位置	家庭分野・総合・学活・部活動・その他（　　　　） ○をつける
グループ別調理の場合 班ごとの調理名等	1班　　　　　　　　2班 3班　　　　　　　　4班 5班　　　　　　　　6班 7班　　　　　　　　8班
食材の準備保存方法等	

調理実習上の留意点
① 計画書の必要事項を記入し，家庭科主任→栄養教諭→養護教諭→教頭→校長のチェック及び管理上の
　アドバイスを受ける。
② 児童生徒の健康観察・服装・手洗いの徹底を行う。
③ 調理用具・食器の衛生に留意し，刃物・火・ガス等の安全指導を徹底する。

教育

2 落ち着いて生徒を観察し，おだやかに授業に引き戻しましょう。

Try 2 安全な学習状況を整えることにトライ！

　実習が落ち着きのない状況になってしまった場合，刃物類を使っている作業中はけが，火を使用している時はやけどなど，非常に危険な状況になってしまうことが予想されます。

　生徒の特質にあわせて，どうしたら落ち着くのか，言葉かけを工夫したり，授業環境を整えたりしてみましょう。

①まずは，「もう一度，説明します」「注目してください」など一声かけてから，これからの学習の進め方を示します。ガイダンス時に活用した掲示物で約束事を確認するのもよいでしょう。

②生徒の学習過程を観察し，先生は心を落ち着かせて，対応しましょう。

③数時間の学習状況や観察から，その生徒の行動パターンをまとめてみます。

④「きちんと取り組んでいるな」とか，「おやっ」「なるほど」と気づいた行動を見つけて，声かけをします。

⑤学習後，他教科の授業状況も把握して，その生徒について調べておきましょう。

注目してください。

　さらに生徒の行動を観察し，「周囲の状況を読み取ることができないから」または，「他の生徒との関わり方がわからないから」という仮説を立てて，検証してみましょう。

⑥相変わらず動きまわっているときは，「何か発見したの？」と問いかけてみる。

⑦いつも怒られていると思っている生徒には，違う言葉かけをしてみる。

⑧友達と助け合う場面への参加や，示範の手伝いに誘ってみる。

⑨授業後や休み時間に，「あのとき手伝ってくれてありがとう」とほめてみる。

　認めることや自信を持たせることを繰り返して，生徒の行動を少しずつ変えましょう。

　ユニバーサルデザインの視点の授業改善を試みましょう！

Answer

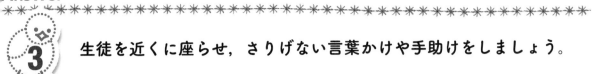

3 　生徒を近くに座らせ，さりげない言葉かけや手助けをしましょう。

| Try 3 | 個性の強い生徒への支援にトライ！ |

○できるだけ，教卓の近くに座席をおき，教師の示範時には，道具出しや補助等の手伝いをしてもらうような場面をつくる。
○学習過程で，発言する機会をつくる。
○ボソッと言ったことにさりげなく，うなずいたり，クラス全体に広げたりする。
○生徒同士が会話できるように，活動を見守る。
○表現したことや，やったことなど，活動記録を残し，学年主任や担任と連携した指導をする。

Answer

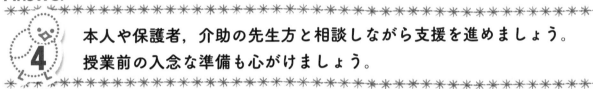

4 　本人や保護者，介助の先生方と相談しながら支援を進めましょう。
　授業前の入念な準備も心がけましょう。

| Try 4 | 多方面と連携した支援にトライ！ |

○校内の特別支援委員会で，配慮の必要な生徒の指導について，検討，情報共有する。
・生徒の個別支援計画を作成
・グループ学習や生活班を活用した支援
・学習状況の見取り，言葉かけの仕方
・学習評価の方法
○**支援の内容**
①学習に入るための手順の示し方・声かけ
②自信を持たせる言葉かけや褒め方
③みんなと協力する場面づくり
④発言や行動の受け止め方と記録
⑤課題の評価と記述の内容の評価

【ある学校の例】
　本人の状態から，何ができるのかを保護者と共に確認して，介助の先生方に手を貸してもらいながら実習しています。「フライパンを持てないので，ホイル焼きにする」「レンジを利用する」などの工夫をしています。
　布を用いた製作では，ほかの生徒と同じ物を製作することは厳しいため，保護者と相談して別の物を製作しました。本人や保護者といつも相談しながら，進めています。

Question 17 保護者から授業や学習評価に対する苦情がきた。どうしたらいい？

check ☑ 誠意ある態度で対応することを第一に考えましょう。

check ❶ 保護者の心情を理解し，思いを受け入れていますか？

保護者からの苦情を聞くことを優先させ，学校側の状況の説明は，
保護者が落ち着いた後にしましょう。

うちの子ばかり
注意されているみたい…。

お宅のお子さんが
言うことを聞かな
いからです。

Answer 1

check ❷ 報告・連絡・相談（ホウレンソウ）はできていますか？

学級担任・学年主任・管理職には，必ず報告・連絡・相談を
しましょう。安全や健康に関する苦情は，養護教諭にも報告・
相談をしましょう。

学校への
報告どう
しよう…。

なぜここまで報告し
ないで問題を大きく
したのですか？

Answer 2

Answer

1 保護者の心情の理解を優先し，解決につなげましょう。

Try 1 「保護者の心情をじっくりと聞く」対応にトライ！

保護者から苦情がきた場合，時間をかけて，じっくりと話を聞きましょう。保護者の心情を理解したうえで，教師側の説明につなげましょう。

いきなり教師側の説明では，保護者は納得できません。保護者の話を先にじっくり聞き，そのあとで教師側の説明をすると，よりよい解決につながりやすくなります。

Answer

2 関係する教職員や管理職には，必ず報告・連絡・相談（ホウレンソウ）をしましょう。

Try 2 自分の指導をふり返ることにトライ！

問題が大きくなるのは，情報共有しないなど，初期対応の悪さから起こります。自分だけで処理せずに，関係する教職員や管理職に報告して，組織で対応していきましょう。

① 学級担任・学年主任・管理職に報告

関係する教職員や管理職に報告・連絡・相談することは，自分では気づかないことを客観的に分析して，問題を根本から見直す機会となります。また，問題の早期発見につながり，早期対応・早期解決の糸口にもなります。

パーフェクト 一歩前進を目指そう

② 安全や健康に関する事故は養護教諭にも報告

　授業中のけがや体調不良が発生した時は養護教諭にも報告が必要です。特に調理実習時の体調不良は，食物アレルギー等の心配があります。今まで食物アレルギーの心配のない生徒でも，急に食物アレルギーを発症する場合もあり，命にかかわる事案もあります。自分ひとりの判断でなく，組織的で迅速な対応ができるようにしましょう。

③ 保護者からの話は，プラスに生かし，教科の財産に

　保護者からの問い合わせは，学習評価や食材の管理に関するものが多いです。

　学習評価についての問い合わせがあったときは，評価規準に問題がなかったか，生徒へ評価のつけ方について周知はできていたか等，指導上の問題が心配されます。

　また，調理実習時，生徒に食材を持参させる場合，食材管理に関する問題はないか，具体的な食材の選び方・運び方や保存方法等，衛生上の指導ができていたのか心配されます。

　保護者からの相談や苦情は，自分の指導改善のヒントになります。自分自身の指導をふり返り，教科指導の財産にしましょう。

ベテラン先生の
アドバイス

> **調理実習は個人の技能習得とグループの役割を上手に組み合わせて行おう！**

　基本技能を確実に学校で習得させるためにも，個人調理（一人調理）を取り入れることが大事です。しかし，実習時間が限られていることや道具の数等により，個人調理だけでは難しい献立があります。個人とグループの調理を上手に組み合わせてみましょう。

【ハンバーグの例】

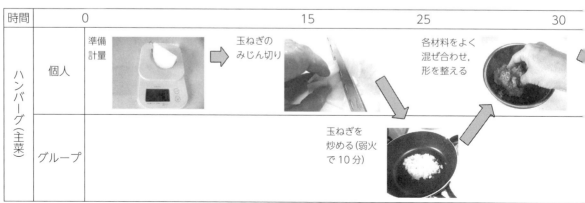